Ayeda Alavie

Ein Bild von mir

Kurzgeschichten

Hagebutte Verlag

Inhalt

Ayeda Alavie

Ein Bild von mir

Kurzgeschichten

Hagebutte Verlag

Inhalt

Vorwort
Mein deutsches Sprachfenster und der persische Kanarienvogel

An dem Tag war dein Regenschirm geblümt ist die erste Geschichte, die ich versuchte ins Deutsche zu übersetzen. Diese Geschichte habe ich in Teheran geschrieben. Im Sommer meines 18ten Lebensjahres. Im Jahr 2001 in Deutschland, als mir bewusst wurde, dass ich für viele weitere Jahre nicht mehr in den Iran zurückkehren konnte, versuchte ich meine persischsprachigen Texte ins Deutsche zu übersetzen. Aber schnell wurde mir bewusst, dass ich vieles nicht übersetzen kann. Beispielsweise گوجه سبز *gojde sabz*: Die unreifen grünen Pflaumen, die von Straßengemüsehändlern verkauft werden, sind für den deutschen Leser genauso fremd und erklärungsbedürftig, wie *Glühwein* für persischsprachige Leser. Unreife Pflaumen sind sauer, saftig und vor allem bei Kindern sehr beliebt. Unreife Pflaumen künden vom Sommer, obwohl es noch Frühling ist. Für Schulkinder und Jugendliche sind sie Vorboten der drei Monate langen Sommerferien. Das ganze Sommergefühl, das allein durch *godje sabz* impliziert ausgedrückt wird, kann nicht ins Deutsche übersetzt werden. Auch wenn ich in einer Fußnote die Leichtigkeit und Frische dieser Pflaumen erklären würde, wäre es wohl für den deutschen Leser trotzdem nur schwer verständlich, wie man sich auf etwas Unreifes, Saueres dermaßen freuen kann. Denn in Deutschland werden sogar mit reifen Pflaumen süße Kuchen gebacken. Auch Rhabarber und Zitrone kommen in den Kuchen und sogar in Sauergurken befindet sich Zucker. Während im Iran mit Rahbarbar eine Art Goulasch zubereitet wird, in das man zusätzlich einen Schuss Zitrone gibt. Zitronen werden außerdem täglich pur gegessen, als ob sie Mandarinen wären – Und Sauergurken, sowie ähnlich eingelegte Gemüsesorten, kommen nie mit Zucker in Berührung. Ich brauchte viele Jahre, um mich mit den süßlichen Sauergurken in Deutschland anzufreunden.

Wäre mir die Übersetzung meiner eigenen Texte ins Deutsche nicht so schwer gefallen, hätte ich nie angefangen direkt auf Deutsch zu schreiben. Denn ohne Schreiben kam mir das Leben unerträglich vor. Seitdem ich mich erinnern kann, war Schreiben für mich immer eine Zuflucht. Ein sicheres Zuhause. Meine Muttersprache, Persisch, hörte mir immer zu. Seitdem ich mich erinnern kann, war meine Muttersprache wie eine Mutter in meinem Kopf und meinem Herzen. Sie hat mir immer geholfen, nicht aufzugeben und etwas zu sagen, sobald ich die Ungerechtigkeiten nicht mehr aushalten konnte. Sie hat mir Denken beigebracht. Freude an Reim, Witz, Verstehen, Kommunikation. Auch Kritisieren hat sie mir beigebracht. Hätte ich in meiner Muttersprache nie kritisiert und mich wie viele andere Autoren selbst zensiert und mich angepasst, wäre ich jetzt immer noch im Iran, hätte für meine literarische Arbeit für Kinder und Jugendliche einige weitere Auszeichnungen und Goldmünzen bekommen und hätte jetzt, ähnlich wie viele andere Autoren, dutzende Bücher für Kinder und Jugendliche publiziert.

Ich stand mit 25 in einem Land, in dem kaum ein Mensch meine Muttersprache verstand. Der einzige Weg um zu mir selbst zurückzufinden und mit der Welt auf literarische Art zu kommunizieren, war die Sprache des neuen Landes: Deutsch. So sprang ich ins kalte Wasser und versuchte, auf Deutsch zu schreiben. *Ein Fenster* war die erste Geschichte, die ich damals auf Deutsch schrieb. Und dann kamen viele weitere Texte auf Deutsch hinzu. Gedichte schreibe ich nach wie vor auf Persisch.

Das Persische sitzt immer wie ein kleiner Kanarienvogel in meinem Herzen und schaut und hört zu, wenn ich auf Deutsch schreibe oder spreche. Deutsch ist wie ein Fenster, mit starkem Rahmen und zugleich durchsichtigen, klaren Scheiben. Ohne Gitter. Es lässt sich öffnen. Es lässt frische Luft und Regen hinein stürmen. In meinen Kopf und mein Herz. Es lässt den persischen Kanarienvogel in den Garten fliegen und dichten. Ohne mein offenes deutsches Sprachfenster wäre mein persischer Kanarienvogel vor lauter Zensur-Klebebändern schon längst zum Schweigen gebracht worden. Und auch wenn die Schere der Zensurbehörde sogar über die Grenzen des Irans reicht und Regimetreue ihre schimpfenden Steine werfen, fühle ich mich hinter meinem deutschen Sprachfenster sicher.

Ayeda Alavie
Sommer 2020

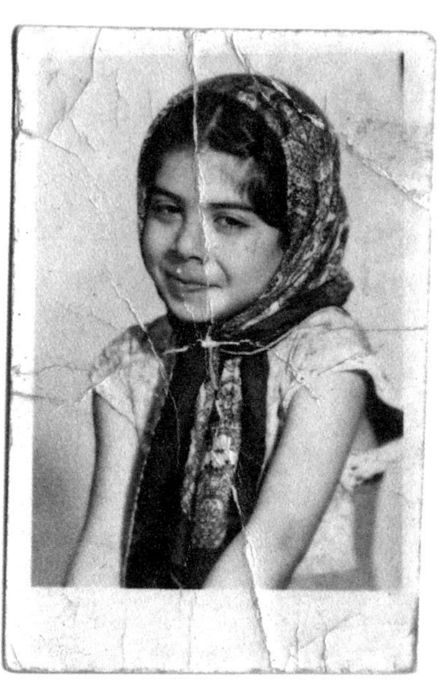

Ein Bild von mir

Am Anfang ist alles weiß. Wie weißes Papier. Wie Neuschnee. Dann wird allmählich alles zerknittert und zertreten. Durch liederliche Worte und Schritte.

»Ich bin da«, sage ich zu Elena, meiner griechischen Mitbewohnerin. Sie bäckt gerade Apfelstrudel. Ich weine. Zuerst leise. Dann schluchzend. Sie sagt: »Das ist die Freude. Das sind Tränen der Freude! Denn du bist heute Deutsche geworden!«

Es ist Winter. Im Garten, nicht so weit von der alten Buche, liegt ein braunes Eichhörnchen im Schnee. Es liegt auf der Seite. Erfroren. Seine Pfoten scheinen eine Nuss zu halten. Sie sind aber leer. Es ist ein bitterer Winter. Es schneit tagelang. Nächtelang. Wir kehren den Weg zur Gartentür frei. Die Tür ist bis zu ihrer Taille im Schnee versunken. Die alten Eiben beugen sich vor dem Haus. Bis zum Boden. Sobald wir ihre Äste schütteln, lassen sie all die Schneelast fallen. In unsere Gesichter fällt stechender Schnee.

Immer wenn es schneit, stehe ich mit meinen roten Gummistiefeln bis zu den Knien im Schnee. Irgendwann in meiner Vergangenheit. War an diesem Tag der Schnee so hoch oder war ich so klein?

Irgendwann ist ein hilfreiches deutsches Adverb, wenn ich mich an den Anfang meines Lebens erinnere. Wenn ich mich an mich erinnere.

Die Genauigkeit meiner Kindheitserinnerungen zerfließt wie bei Tauwetter, je länger ich in Deutschland lebe. Viele Ereignisse aus meinem früheren Leben kommen mir zerrissen, zerfallen und unvollständig vor. Sie bestehen aus Einzelbildern. Wie ein ungeschickt geschnittener Film mit Szenen, die nicht zueinander passen. Ein zensierter Spielfilm. Manchmal fehlen sogar Schlüsselszenen. Sehr oft sind nur noch Musik oder Geräusche übrig: Menschenmenge. Schießerei. Sturm. Schrei. Explosion. Und dann Weinen. Nur noch Weinen.

Damals wurde eine Filmmusik immer wieder im Fernsehen gespielt. Erst in Deutschland erfuhr ich, dass sie von Mikis Theodorakis komponiert ist und »Paola 11099« heißt. Ich weiß nicht, wie viele hundert Male diese Musik im Fernsehen gesendet wurde. In einer Art Endlosschleife. Auch wenn sie gerade nicht gesendet wurde, wiederholte ich selbst ihre Melodie in meinem Kopf. Unterwegs zur Schule. Während auf den Straßen hier und da die Soldaten in ihren fleckenlosen, sumpfgrünen Tarnanzügen Wache hielten.

Diese Musik wurde für mich zu einer Art Kindheitsfilmmusik. Eine Kindheit zwischen der islamischen Revolution und dem ersten Golfkrieg.

Sehr oft wurde diese Musik zu den Bildern von vermissten Menschen gezeigt. Wir saßen vor unserem kleinen Schwarzweiß-Fernseher und schauten uns die Bilder an. Großmutter sagte: »Merkt euch die Gesichter gut. Vielleicht sehen wir sie zufällig auf der Straße und können ihre Angehörigen benachrichtigen.«

Ich kann mich immer noch an die Gesichter mancher Vermissten erinnern.

Aus dieser Zeit ist auch von mir ein Bild übrig geblieben. Ein Bild, das eine Geschichte hat. Am Tag seiner Entstehung trug ich zum allerersten Mal in meinem Leben ein Kopftuch. Das Kopftuch, das ich auf diesem Bild trage, war aus Seide, hatte Verzierungen und gehörte meiner Großmutter. Denn ich war erst sieben Jahre alt und hatte selber noch kein eigenes Kopftuch. Es war die Zeit, in der die Frauen in meiner Heimat von einem Tag auf den anderen alle ein Kopftuch tragen mussten.

An dem Tag sollte ich beim Fotografen in die Kamera schauen. Aber ich konnte die Augen kaum offen halten, wenn es blitzte. Meine Augen brannten und die Lider waren angeschwollen und fühlten sich schwer an. Die letzten Tage hatte ich oft geweint. Wegen meines Vaters.

Der Fotograf sagte: »Du musst ernst in die Kamera schauen und darfst nicht lächeln.« Noch vor dem ersten Foto bekam ich einen Lachanfall, weil ich mein Lächeln unterdrücken musste. Hinzu kam der wackelige Hocker, auf dem ich saß und auf den der Fotograf ständig schimpfte. Von diesem hohen Hocker hingen meine Beine wie in einem Kettenkarussell frei in der Luft. Der Hocker war kaputt und drehte sich von selbst bei jeder kleinsten Bewegung, die ich machte. Da er keine Lehne hatte, fühlte ich mich wie in der Schwebe und musste darauf achten, mein Gleichgewicht nicht zu verlieren. Aber nicht nur das hatte mich zum Lachen gebracht, sondern auch das Kopftuch, das immer wieder verrutschte. Erst nachdem Großmutter es sehr fest unter mein Kinn knotete, blieb es für eine kurze Weile auf meinem Kopf. Auch der Dialog zwischen dem schimpfenden Fotografen und Großmutter brachte mich zum Lachen. Er verfluchte ständig den Hocker, und Großmutter sagte: »Schimpfen bringt nichts!« Dieser Satz erinnerte mich an unsere letzte Fahrt ans Kaspische Meer. Mein Onkel saß am Steuer und schimpfte auf die schmalen, tödlichen Serpentinen. Meine gleichaltrige Cousine und ich lachten jedes Mal, wenn unser Onkel an einer Kurve mit der Straße schimpfte. Und Großmutter, die neben uns auf dem Rücksitz saß, sagte ständig: »Schimpfen bringt nichts! Schimpfen macht die Straße nicht breiter!« Meine Cousine und ich fragten uns, was passieren würde, wenn die Straße durch das Schimpfen unseres Onkels doch breiter werden würde. Und zwar nicht nur breiter, sondern auch länger. Diese Vorstellung brachte uns noch mehr zum Lachen. Denn der Weg zwischen Teheran und dem Kaspischem Meer ist sehr lang. Der Onkel war genervt, weil wir hinter seinem Sitz wie Wespen summten und lachten.

Großmutter und die Tante, die auf dem Beifahrersitz saß, versuchten die Lage zu entschärfen. Dabei ernteten sie selbst eine Menge Tadel. Zum Schluss hielt Großmutter eine Rede und sagte: »Lasst doch die Kinder lachen! Irgendwann werden sie sowieso genug weinen müssen!«

Auf dem wackeligen Hocker dachte ich, was, wenn nun durch das Schimpfen des Fotografen der Hocker noch mehr wackeln würde, und dabei lachte ich vor mich hin. Meine Großmutter mischte sich ein und sagte: »Beim Fotografieren lacht man nicht. Du kannst zu Hause weiterlachen.«

Da ich beim Fotografieren nicht lachen durfte, presste ich meine Lippen mit alle Kraft zusammen, damit das Lachen nicht aus meinem Mund platzte. Gleichzeitig versuchte ich, meine brennenden Augen, soweit ich konnte, offen zu halten und in die blitzende Kamera zu schauen. Nach mehreren Versuchen sagte der Fotograf: »Na endlich! Diesmal waren die Augen offen und der Mund zu.«

Eine Woche später war das Bild fertig. Der Fotograf gab uns vier Abzüge und sagte: »Man braucht eigentlich nur den Kopfteil für die Schule. Den Rest kann man abschneiden.«

Auf dem Foto konnte man mich vom Kopf bis zur Taille sehen. Auch meine beiden Arme waren bis zum Ellenbogen auf dem Bild zu sehen.

Die Großmutter konnte es nicht übers Herz bringen, mein Foto zu enthaupten beziehungsweise zu entkörpern.

Ich legte dieses erste Foto für die Schule in mein Persischbuch der ersten Klasse, damit es schön glatt blieb. Als ich das Foto in der Schule meiner Lehrerin gab, fragte sie sofort: »Was hast du denn da an?«

»Das ist mein Neujahrskleid«, sagte ich stolz.

»Es sieht aber so aus, als ob du nichts anhättest!«

»Doch! Ich habe auch ein Kopftuch an. Der Fotograf meinte, dass man auch nur das Kopfteil benutzen kann. Für die Schule.«

»Auch das Kopfteil passt nicht zur Schulordnung.«

»Aber ich trage Kopftuch!«

»Dennoch! Deine Haare schauen heraus. Das Kopftuch muss auch Haaransätze bedecken. Und dein Kopftuch hat übrigens viele Farben und ein Muster.«

»Ja, man sieht aber die Farben nicht. Das Bild ist Schwarzweiß!«

»Dennoch! Man sieht, dass das Kopftuch eigentlich bunt ist. Abgesehen davon muss das Kopftuch lang und weit sein und die Schulter, die Stirn, den Hals und die Brust bis zur Taille bedecken. Für die Schule sollen die Kopftücher einfarbig, dezent und dunkel sein. Solche ärmellosen Kleider sind absolut verboten. Auch die Jungs dürfen nichts Kurzärmliges tragen. Geschweige denn die Mädchen. Man sieht auf dem Bild die nackte Haut deiner Arme.«

»Ja, weil mein Neujahrskleid kurze Ärmel hat!«

»Eben! Aber sehr kurze Ärmel! Und übrigens lacht man nicht auf einem Foto für die Schule! Was gibt's überhaupt zu lachen?«

Nach diesem Gespräch, das ich nie vergessen werde, faltete ich in der Pause mein Foto zusammen. Einmal senkrecht und einmal waagerecht. Dabei versuchte ich, nicht zu weinen.

Das Gefühl, das ich in dem Moment empfand, war Schuld. Als das Bild zusammengefaltet war, verschwanden die Haut meiner Arme, mein unbedeckter Haaransatz und mein unterdrücktes Lachen alle auf einmal, samt Großmutters Kopftuch und meinem Neujahrskleid.

Mein Neujahrskleid war hellgrau und weiß. Auf der vorderen Seite hatte es viele weiße Apfelblüten, die mit sehr feinem weißen Faden gehäkelt waren. Diese weiße Apfelblütenschicht war auf das hellgraue Kleid genäht. Auch die sehr kurzen Ärmel und der Saum des

Kleids waren mit gehäkelten, weißen Blüten verziert. Ich mochte den weißen Blütenteil meines Neujahrskleides sehr. Es war genauso zart wie der Frühling und passte zum Nuruz – dem persischen Neujahrsfest.

Es war meine Schuld, dass die Lehrerin mein allererstes offizielles Foto für die Schule ablehnte, dachte ich in der Pause. Denn ich hatte mir selber mein kurzärmliges Neujahrskleid für das Foto ausgesucht. Wegen meines Lachanfalls wurde sogar das Kopfteil des Bildes unbrauchbar. Hätte ich nicht gelacht und hätte ich mich beim Fotografieren weniger bewegt, wäre das Kopftuch vielleicht nicht heruntergerutscht und hätte meinen Haaransatz nicht entblößt. Ich war also selber an der kompletten Unbrauchbarkeit meines Fotos schuld. Und jetzt musste die Großmutter auch noch wegen dieses Fotos zur Schule.

Kurz bevor ich nach Hause ging, faltete ich das Foto auseinander und legte es wieder in mein Persischbuch, damit es wieder glatt wurde.

Als ich älter wurde, begriff ich, dass ich mich genauso wie alle anderen Menschen dieser Zeit tarnen musste. In einer dezentdunkel angezogenen Menschenmenge.

Die Zeit des Tragens von roten Schuhen war mit 7 vorbei.

Meinen nächsten offiziellen Bildern bis zum Abitur fehlte das Lächeln. Ich sah auf manchen Bildern so aus, als ob ich etwas Persönliches gegen die Kamera hätte. Mein Kopftuch bedeckte meine gesamte Stirn und zum Teil sogar meine Augenbrauen. Und ich war eingehüllt in einen dunklen Mantel. Getarnt in einem groben, musterlosen, weiten und breiten Stoff.

Es ist Nacht. Voll mit Apfelstrudel sitze ich in meinem Bett. In meinem WG-Zimmer, das zu einem alten Haus gehört. Ein altes Haus, das von einem Garten mit alten Bäumen umgeben ist. Ein altes Haus, das bald abgerissen wird, wenn wir das nicht verhindern können. Ich starre auf mein erstes Schulfoto, das seit Jahren, hier in Deutschland, an der Wand meines Zimmers hängt. Im Mondlicht verschwinden seine Falten.

Der Strudel nimmt mich mit. Wie eine verlorene Rosine, die nicht in der Soße schwimmen kann. Großmutter zieht mich heraus. Ich rieche nach Zimt. Großmutter zieht gerade um. Zieht irgendwo ein. Ich auch. Mit ihr. Innerhalb einer Stadt, die wie eine riesige Küche aussieht. Voller Kühlschränke und Kochherde. Voller Trauben, die zum Trocknen an die Wände und Türrahmen aufgehängt wurden. Voller essender Münder und Gerüche. Gesichter hinter den dampfenden Kochtöpfen. Im Morgennebel. Alles dampft.

Sehr viel Milchreis mit einer hauchdünnen Zimtschicht klebt an der Wand. Eine ganze Wand ist tapeziert mit Milchreis. Ausgetrocknet.

»Das ist Kunst«, sage ich im Traum.

»Das ist eine Milchreis-Ausstellung«, sagt Großmutter.

»Großartig«, sagt eine Stimme im Nebel.

Wie wohltuend ist es, wenn ich von der Schule zurückkomme und Großmutter mit Milchreis auf mich wartet.

Das Öl, in dem etwas laut gebraten wird, brennt. Es ist ein großes Feuer. Mitten im Meer. »Fische! Frische Fische!« schreit ein Mann. Wir essen Fische. »Fisch und Milch passen nicht gut zusammen. Sie werden zusammen streiten in deinem Bauch«, sagt Großmutter.

»Es ist nicht gut, mit einem Verstorbenen umzuziehen«, sagt eine Stimme im Nebel. Ich schaue mich um. Großmutter ist weg. Ich habe Bauchschmerzen. Vielleicht wegen des Streits zwischen Fisch und Milch. Die Straßen sind weit und breit zu flachen sandigen Flächen geworden. Auf der anderen Seite liegen mickrige, ölige Flüsse, die direkt und ungefiltert in die Töpfe fließen. Es gibt keinen einzigen Baum am Rand der Straße. Nach einer Weile schaue ich aus einem Auto. Großmutter sitzt im Auto und bezahlt den Fahrer mit klein geschnittenem Zeitungspapier. Einen Haufen Zeitungspapierscheine hat sie dabei. Sie ruft danach eine Umzugsfirma an und fährt mit. Es wird dunkel und kalt. Ich suche nach meinen Socken, die ich irgendwann ausgezogen habe, kurz nachdem ich eingeschlafen war. Barfuss gehe ich alleine durch eine Fabrik, die Fensterrahmen und Türen aus Holz fertigt. Ich denke, ich muss eine sichere Haustür kaufen. Für unser neues Haus. Der Weg ist kurvig. Grau. Klebrig. Auf der Glasscheibe einer Schreinerei steht auf Deutsch: »Wir haben kein Kopiergerät. Bitte fragen Sie nicht.«

Mir fällt ein, dass ich meinen Reiseausweis kopieren muss und mich für meinen neuen deutschen Ausweis fotografieren lassen muss. Meine Füße frieren. Ich setze mich auf und taste nach meinen Wollsocken. Socken, die Großmutter vor vielen Jahren gestrickt hatte. Erst nachdem ich sie anziehe, schlafe ich wieder ein.

Am nächsten Tag wache ich mit dem Schrei einer Motorsäge auf. Ich gehe zum Fenster und schaue in den Garten. Der untere Teil einer Esche ist angeschnitten und am oberen Teil des Baumes ist ein Seil befestigt. Drei Männer ziehen am Seil und der Baum stürzt um. Mit Wucht. Ein großer Mann sagt etwas laut.

Das Seil um den Eschenstamm ist wie das Seil um Vaters Beine. Als die Männer ihn hinter sich hergezogen haben. Mitten in der Nacht. Und Vater stolperte. Im Haustürrahmen. Er stürzte. Mit Wucht. Ich setzte mich neben ihn und wollte ihn trösten, wie er mich tröstete, immer wenn ich hingefallen war. Ich wollte ihm sagen, dass nichts passiert war. Dass er wieder aufstehen und weiter gehen konnte. Aber er konnte nicht aufstehen. Etwas war in ihm gebrochen. Etwas Unwiederbringliches. Wie die Esche. Die Nester in ihren abgestützten Astgabelungen sind leer. Sie liegen auf dem Boden.

Elena, Radja und Thomas, meine Mitbewohner, stehen mitten im Garten und reden laut mit dem großen Mann. Ihre Stimmen gehen im Motorsägenlärm verloren.

Der große Mann geht danach von Baum zu Baum, misst die Umfänge der Stämme mit einem Meterstab und notiert sie in ein Heft. Ein anderer Mann macht Fotos von den Bäumen. Die Motorsäge hört auf zu schreien.

Der große Mann geht auf die alte Buche zu und sagt laut: »Diese Buche ist sehr gefährlich. Es kann sein, dass sie umfällt. Sie hat einen Spalt, da oben. Dort, wo der Spalt ist, können sich Pilze ansiedeln.« Sein Meterstab reicht nicht aus, um den Umfang der alten Buche zu messen.

»Ihr solltet an einen Umzug denken« sagt der Mann, mit der Motorsäge in der Hand.

Das deutsche Wort Umzug kommt mir sehr lang vor: Um...Zug. Um klingt verkehrt. Es bleibt mir, so wie es geschrieben wird, im Hals stecken und ich kann nicht meinen Tee schlucken. U wird eine Schale in meinem Hals, aus der alles überläuft. Umzug ruft in mir Bilder von Zügen hervor, die lange, lange Zeit auf unzähligen Kurven fahren und nie ankommen. Je mehr ich mich an einem Ort geborgen fühle, umso mehr wird mir dieser sichere Ort weggenommen. Mir ist schwindelig. Als ob ich stundenlang auf dem alten, wackligen, lehnenlosen Hocker des Fotoateliers gedreht worden wäre. Ich falle, bei jedem Baumfall.

Am nächsten Tag sammeln Radja und ich Unterschriften gegen die Zerstörung unseres Gartens. Ein Nachbar, bei dem wir auch klingeln und dem wir unsere Petition zum Lesen und Unterschreiben geben, fragt uns erstaunt: »Warum ist euch das wichtig, ob die Bäume gefällt werden?«

Wir schauen ihn verdutzt an. Er sagt: »Ich meine, ihr seid doch offensichtlich nicht hier geboren! Oder? Ich meine ihr seht doch nicht deutsch aus!«

Wir sammeln nicht viele Unterschriften an diesem Tag.

Die alte Buche sieht aus, wie aus einer anderen Welt. Majestätisch steht sie da und akzeptiert ihr Schicksal.

Ich wünsche mir sehr, dass ich in meinem nächsten Leben – falls so ein nächstes Leben auf mich warten sollte – als Buche zur Welt komme. Eine Buche in einer Ecke, die keinen stört. Eine Buche, ohne Gesicht und Geschlecht. Ohne Kopftuch und Hautfarbe. Ohne Religion und nationaler Zugehörigkeit. Ich werde jedes Eichhörnchen, das in meinen Ästen Zuflucht sucht, ernähren mit meinen Eckern. Ich werde auf sie aufpassen an kalten Wintertagen. Und ich werde ohne Spalt wachsen. Bei jedem Wind wünsche ich meinem nächsten Buchenleben starke Wurzeln. In meinen buchigen Gedanken wachsen die Adern und Äste zu einer gefällten Nachbar-Lärche, die zerstückelt im Garten liegt.

Es ist Herbst. Ein heftiger Sturm zieht über die Stadt. Über unsere Straße. Über unser Haus. Unseren Garten. Nicht mal ein einziger dünner Ast fällt herunter.

Ich lasse mich für meinen ersten deutschen Ausweis fotografieren. Ohne Kopftuch. Der deutsche Fotograf sagt: »Bitte nicht lächeln, damit das Foto biometrisch ist!« Ich lächle nicht.

In der Küche riecht es nach Kuchen. Elena bäckt. Sie riecht oft nach Vanille. Sie könnte die Mutter unserer WG sein und Thomas, der Vater. Er studiert Jura und schreibt ständig Briefe an Anwälte, um unser Haus und den Garten zu retten.

Ich grüble. Auf Deutsch. Wie viel Vergangenheit passt in die Gegenwart, frage ich mich. Mit der Zeit ist das Kopftuch auf meinem ersten Schulfoto zum kostbarsten Tuch der Welt geworden, weil es meiner Großmutter gehörte. Weil Großmutters Hände dieses Kopftuch unter mein Kinn geknotet haben. Dieses Bild gibt mir ein Gefühl der Sicherheit, weil Großmutter neben mir stand. Auch wenn man Großmutter auf dem Bild nicht sieht, steht sie für mich neben mir auf diesem Bild. An dem Tag kämmten und flochten Großmutters Hände meine Haare, auch wenn die Haare unter dem Kopftuch versteckt sind.

Das ist das einzige Bild, das ich noch aus dieser Zeit habe. Von meinem Schulanfang. Und vom Anfang der Nachrevolutionszeit. Das einzige Bild aus einer wackeligen Zeit, deren bewegte Bilder auseinanderfallen. Eine zerrissene Zeit, deren Fenster zerbrechen und durch die es weht. Eine Zeit, in der nur die Großmutter nicht fällt. Wie eine alte Buche.

Wenn ich mich auf Deutsch an meine persischsprachige Vergangenheit erinnere, kann ich sie präzise aufschreiben. Die deutsche Sprache hat eine abstrahierende Wirkung auf mich. Auf Deutsch kann ich um die Vergangenheit trauern und trotzdem die Trauer überstehen. Deutsch schafft mir einen neuen Raum zum Nachdenken. Über einzelne Bilder und Worte. Es schenkt mir Distanz. Zu mir selbst. Zu meinem liederlichen Anfang.

In solchen Momenten merke ich, wie wohltuend es ist, Deutsche zu sein und auf Deutsch an die Vergangenheit denken zu können. Deutsch schafft mir einen neuen Raum zum Nachdenken. Und erst als Deutsche erlaube ich mir, die Rechte der Bäume auf der deutschen Erde zu verteidigen.

Im Garten, neben der alten Buche, nähere ich mich seit Jahren meinem deutschen Ich. Auch wenn ich nicht in Deutschland geboren bin, trage ich in mir mein 15-jähriges deutsches Ich und die 15 Jahre innere Verbindung zu der alten Buche. Die alte Buche hat etwas Großmütterliches und zugleich etwas Väterliches. Die Buche wuchert in meinem Kopf. Ihre Wurzeln wachsen in meinen Adern.

Es ist dunkel. Ich nehme die Buche mit. Ich nehme das Haus, den Garten mit. Alles in einer Buchecker. In die Buchecker passt so viel ich brauche. Es ist gerade biblisch heiß. Biblisch schwül. Biblisch bewölkt, als wir ankommen in unserer biblischen Zeit. Ein Sandsturm wurde angesagt. Ein verheerender Sandsturm ist unterwegs. Irgendwo. Die Buche hält mich fest mit ihren unterirdischen Wurzeln, die wie die Haare der Derwische lang und ungekämmt sind.

»Du hast Fieber«, sagt Elena.

Mir geht es gut, denke ich.

Ich umarme die alte Buche und höre ihren Herzschlag. Meine nackten Arme werden zu langen dünnen Zweigen. Zwei Meter lang. Auf meinen Zweigen wachsen Blätter. Ich lege meinen Kopf an den Baum.

Eine Lärche liegt im Garten. Zerstückelt. Die Lärche hat ein Herz voller Harz. Voller wohlriechendem Harz. Ich bin verliebt in die Lärche.

Man legt mich ins Wasser. Neben die Lärche. Ich weiß nicht wie lange. Ich schlage Wurzeln. Wenn man mich mitten im Garten möglichst dicht am Haus einpflanzen würde, würde es keine Baugesellschaft je wagen, mich zu Fällen. Ich bin schließlich ein Mensch. Hier ist schließlich Deutschland.

»Du hast Fieber. Sehr hohes Fieber«, sagt Elena. Meine Füße liegen im Wasser. Großmutters Hände sind da. Ich sehe, wie die mit orange-gelber Farbe markierten gesunden Bäume ihre Äste wie betende Hände in den Himmel halten. Der sternenreiche Himmel tarnt sie alle: Eine Camouflage mit Augenmuster, Handmuster und Fingermuster zieht über den Garten. Langes Haarmuster tarnt die Bäume. Die Konturen des Gartens werden unsichtbar und er verschmilzt mit der Zeit. Mit der Vergangenheit. Seine Feinde können ihn nicht mehr als Garten wahrnehmen.

Es ist Frühling. Der Garten wacht auf. Die Apfelbäume blühen weiß.

Am Ende ist alles weiß. Wie weißes Papier.

Rotes Blutkörperchen

بنی آدم اعضای یک پیکرند
که در آفرینش ز یک گوهرند
چو عضوی به درد آورد روزگار
دگر عضوها را نماند قرار
تو کز محنت دیگران بی غمی
نشاید که نامت نهند آدمی

Die Menschen sind die Teile eines einzigen Körpers, die alle aus einem Stoff geschaffen worden sind / Wenn ein Teil dieses Körpers leidet, werden sich auch die anderen Teile unwohl fühlen / Du, der mit dem Leid deiner Mitmenschen gleichgültig umgehst, verdienst nicht, Mensch genannt zu werden.

Diese Zeilen gehören zu den berühmtesten der persischen Literatur. Saadi schrieb sie vor über 700 Jahren. Mein Großvater brachte sie mir bei, als ich sechs Jahre alt war. Im dunklen Keller unseres Hauses während der Stromausfälle und den langen dunklen Nächten des Krieges lernte ich sie auswendig. Ich stellte mir vor, dass alle Menschen zum Körper eines einzigen, riesig großen Menschen gehörten. Der riesig große Mensch war die Menschheit.

In meinem sechsjährigen Kopf bestand dieser »Menschheitskörper« aus allen Menschen in Teheran und Umgebung. Ganz oben auf dem Kopf der Menschheit saß meine Familie. Ich saß zwischen meinem Vater und meiner Großmutter, so ungefähr auf der Stirn der

Menschheit. Je älter ich wurde, desto größer wurde der Körper der Menschheit und es kamen viele andere Städte und Länder hinzu, sodass ich irgendwann im Gymnasium nur noch eine kleine Zelle irgendwo an der Ferse der Menschheit war.

Meine ersten hellklaren Kindheitserinnerungen sind mit dem Krieg verbunden. Mit dem ersten Golfkrieg, der schon begonnen hatte, bevor ich zur Schule ging. Ein Krieg wie eine zähe Ewigkeit. In der Schule war Krieg Thema Nummer 1. Eine meiner Mitschülerinnen aus der zweiten Klasse sagte einmal voller Freude: »Ich habe gezählt. Bis jetzt hat der Irak 50 Raketen und Bomben auf uns geworfen. Bald sind seine Bomben aus. Und dann ist der Krieg vorbei.«

»Es wäre schön, wenn das wirklich so wäre. Aber wenn die Bomben alle sind, dann werden neue gekauft«, sagte unsere Lehrerin.

»Kaufen wir auch neue Waffen?« fragte ich.

»Uns will kein Land Waffen verkaufen«, sagte die Lehrerin.

»Können wir nicht selber Waffen produzieren? Wir haben doch so viel Öl!« fragte meine Mitschülerin.

»Waffen zu produzieren ist schwer. Mit dem Öl können wir höchstens unsere Häuser heizen. Denn wir gehören zur dritten Welt. Nur Industrieländer sind in der Lage, Waffen zu produzieren. Solange Waffen hergestellt und verkauft werden, wird es immer Kriege geben. Seid froh, dass ihr Mädchen seid und nicht zur Front müsst. Denn während ihr jetzt in der Schule sitzt, sind viele Jungs in eurem Alter an der Front.«

An diese Worte unserer Lehrerin denke ich sehr oft. Es waren tatsächlich die Männer, die in jedem Alter an der Front kämpften. Frauen zogen erst später freiwillig an die Front.

Vor jeder Luftattacke war der rote Alarm zu hören. Er wurde innerhalb des acht Jahre dauernden Golfkriegs zu einem Todesruf, präsenter als der Gebetsruf. Zu hören war eine laut tickende Uhr und die ernste Stimme eines jungen Mannes: »Achtung! Achtung! Das Zeichen, das Sie gleich hören werden, bedeutet Gefahr und die rote Situation. Es wird eine Luftattacke geben. Bitte verlassen Sie Ihre Arbeit und gehen Sie zum Fluchtort!« Danach kam der rote Alarm. Er ähnelte einem atemlosen, lauten, langen Schrei. Er wurde immer lauter. Unheimlicher. Immer atemloser vor lauter Schnelligkeit. Alle unterbrachen ihren Alltag und versuchten innerhalb von drei Minuten in den Keller zu gelangen. Irgendwann war der rote Alarm aus dem Alltag nicht mehr wegzudenken. Jedes Mal dachte ich: Jetzt ist unser Haus dran. Das Leben könnte jetzt zu Ende gehen.

Die Sirenen meldeten sich oft in der Nacht. Unter den Alptraumschatten wirkten sie dunkelrot. Niemand durfte das Licht anmachen, sonst hätte der Tod die Lichter gelöscht. Nicht mal eine Zigarette durfte während der nächtlichen Luftattacken angezündet werden. Was für ein Glück, dass in unserem Hof keine Glühwürmchen leben, dachte ich oft. Im Keller, als wir alle zusammen auf den möglichen Tod warteten, zitierten Großvater und die alten Nachbarn, die kaum noch laufen konnten, auswendig die Gedichte von Saadi, Rumi und Hafez. Als ob die Gedichte heilige Worte an unserem Sterbebett wären.

Kurz nach dem roten Alarm blitzte und donnerte es und der Tod in seinem Feuerkostüm warf sich schreiend auf die Erde und nahm das Leben unbewaffneter Menschen.

Das Menschheitsbild, das ich mir durch Saadis Gedicht ausgemalt hatte, bekam nach jeder Attacke einen neuen Knick. Die irakischen und iranischen Soldaten töteten sich gegenseitig. Dabei waren wir Nachbarländer und brüderlich mit vielen anderen Ländern als dritte Welt vereint. Ich stellte mir vor, dass die dritte Welt die Beine und Füße des Menschheitskörpers waren und die erste Welt die oberen, die wichtigen Organe wie das Gehirn und das Herz. Wenn der Irak der linke Fuß und der Iran der rechte Fuß der Menschheit wären, wie konnte dann der Kopf zuschauen, dass seine Füße sich gegenseitig bombardierten? Das Absurdeste an diesem Bild war, dass der Menschheitskörper seinen linken Fuß sogar bei der Vernichtung seines rechten Fußes aktiv unterstützte. Wenn sich die Füße der Menschheit weiter gegenseitig schlugen und verletzten, würde der Menschheitskörper in Zukunft in einem riesigen Rollstuhl sitzen müssen oder im besten Fall beim Gehen nur noch humpeln, dachte ich. Oft betete ich in meinem müden Kinderkopf, dass die erste Welt statt Waffen etwas anderes produzieren und verkaufen solle. Etwas wie Riesenräder. Rutschbahnen. Schaukeln.

Trotz des Krieges wurden täglich Menschen innerhalb des Landes festgenommen, weil sie anders dachten. Sie wurden ohne Rechtsbeistand verurteilt und ermordet. Allein in den 80er Jahren wurden tausende politische Gefangene erhängt. Die 80er Jahre waren Schreckens- und Todesjahre. Viele Menschen flohen aus meiner Heimat. Auf den Exilsendern, die Großvater empfing, wurde viel über die »Flucht der Gehirne« aus meiner Heimat berichtet.

In meinem achtjährigen Kopf verfeinerte ich das Bild des Menschheitskörpers: Die Länder waren also nicht nur Teile des Menschheitskörpers, sondern jedes Land war auch ein Körper für sich selbst. Jedes Land hatte auch seine eigenen Körperteile und ein Gehirn. Alle Länder zusammen und ganz dicht beieinander ergaben dann den gesamten Menschheitskörper. Darin war auch der Körper meiner Heimat. Ich sah, wie sich Löcher bildeten in ihrem Kopf. War meine Heimat nach der »Flucht der Gehirne« überhaupt noch zu retten? Großvater sagte, dass ein Mensch ohne Gehirn entweder verrückt oder hirntot sei. Vielleicht lag meine Heimat im Koma.

Mit acht Jahren dachte ich, dass ich meine Heimat nie verlassen würde. Ich dachte, ich würde Medizin studieren und die verletzten und gefolterten Menschen heilen. Mit neun dachte ich, in Zukunft würde es in meiner Heimat genügend Ärzte geben, denn fast alle meine Mitschülerinnen wollten Medizin studieren. Ich entschied, Hirnforscherin zu werden. Meine beste Schulfreundin war eine der wenigen in unserer Klasse, die Mathematik studieren wollte. Ich überredete sie, Gehirnwissenschaft zu studieren. »Wenn wir die menschlichen Gehirne verstehen würden, dann könnten wir vielleicht ihre Flucht aus dem Land verhindern«, sagte ich, während sie mir mit Freude zuhörte. »Mein Großvater meint, wenn Gehirne in einem Land bleiben, dann können sie sich auch etwas ausdenken. Neue Maschinen und gutes Benzin, das die Luft nicht verpestet.«

Meine Schulfreundin hat wie ich den Krieg überlebt und ist Neurologin geworden. Sie ist im Iran geblieben. Ich aber verließ meine Heimat. Es war ein kalter, nebliger Tag, an dem ich in Deutschland ankam. Ich war wie unter einer Haube aus Glas.

Die deutsche Sprache war die erste Besucherin, die an diesem kalten Tag an meine Haube klopfte und zu mir »Guten Tag« sagte. Dankbar nahm ich ihr »Guten Tag« als ein Geschenk an. Somit wurde »Guten Tag« das erste Juwel in meinem deutschen Wortschatz.

Bald prasselte die deutsche Sprache täglich gegen meine Haube und sprach mit mir in ihrem regelmäßigen, regenmäßigen, fremdenfreundlichen Sprachrhythmus. Deutsche Worte klangen in meinen Ohren gradlinig. Sie strahlten transparent. Sie wollten mit mir kommunizieren. Sie wollten, dass ich sie verstehe. Dasselbe wollte ich auch. Dass sie mich verstehen. So begann ich sie zu lesen. Zu hören. Zu verstehen.

Nach einiger Zeit las ich in den deutschen Büchern, deren Übersetzungen ich schon in meiner Muttersprache gelesen hatte. Bücher wie »Und sagte kein einziges Wort«. Fred und Käte Bogner, Heinrich Bölls Romanfiguren, waren wie alte Freunde, die ich erstmals in meiner Muttersprache kennengelernt hatte. Ihr gemeinsames

Schicksal hatte mich zutiefst gerührt. Sie waren die ersten Deutschen, die ich wie eine Art Verwandte in mir aufgenommen hatte. Wer hätte gedacht, dass ich sie in ihrer Muttersprache und in ihrer deutschen Heimat wieder sehen würde? Romanfiguren, wie Fred und Käte Bogner haben mir am meisten Deutsch beigebracht. Sie nahmen mich auf in ihrer deutsche Wortwelt. In eine Welt, die ähnlich war, wie die Welt nach dem Krieg in meiner Heimat. Wir alle drei wussten, was Religion, Krieg und Kriegsfolgen bedeuteten.

Religion, Krieg und Kriegsfolgen sorgen dafür, dass genau so wie vor 30 Jahren, immer noch Gehirne aus dem Körper meiner Heimat fliehen. Wie ein rotes Blutkörperchen bewege ich mich zwischen dem deutschen und dem persischen Körper. Schwimmend in der Blutbahn, dazwischen.

Mein Kindheitswunsch, etwas für den leidenden Körper meiner Heimat zu tun und sein Gehirn zu retten, ist nicht in Erfüllung gegangen.

Und ich erfahre, dass es jetzt nicht mehr nur um Gehirne, sondern beinahe um alle Organe geht. Sie verlassen ihren vertrauten Körper. Die neue Flucht könnte vor allem »Flucht der Nieren« genannt werden. Das Internet ist voller Verkaufsanzeigen für Nieren, Lebern und sogar Augen. Auch an den Wänden und Türen um die Krankenhäuser und Dialysezentren sind kurze Anzeigen wie diese zu lesen:

»Blutgruppe B+. Verkaufe meine Niere. Bin 26. Nichtraucher. Treibe Sport. Nach Vereinbarung.«

»Blutgruppe A-. Verkaufe eine Niere und halbe Leber. Bitte kein Makler. OP-Vorbereitungen schon vorhanden«

»Blutgruppe 0-. Verkaufe Niere, Augenhornhaut, 28 Jahre alt. Nichtraucher. Nicht drogenabhängig. Bitte keine Lebensweisheiten am Telefon. Ich weiß, was ich tue. Bitte nur ernst gemeinte Käufer. Mein Wert ist 100 Millionen.«

Neben Organanzeigen sind auch allerlei andere Anzeigen auf die Wände geklebt.

»Verkaufe neue Duschvorhänge, Fleischwolf, Waschmaschine AEG zum halben Preis.«

Um mir selbst ein Bild zu machen, rufe ich einige Nummern an. Es sind vor allem Männer, die ihre Organe verkaufen wollen. Sie gehen meist schnell ans Telefon. Auf meine Frage, warum sie ihre Organe am lebendigen Leib verkaufen wollen, geben sie mir solche und ähnliche Antworten:

Blutgruppe A-: »Wozu brauche ich 2 Augen? Ich kann auch mit einem Auge genug sehen. Was gibt es überhaupt noch zu sehen? Nur noch Elend.«

Blutgruppe B-: »Von welchem Planeten rufen Sie mich an? Ich sage Ihnen eins: Hier ist der Planet Hölle! Nicht mal mehr Medikamente werden importiert. Darum werden ja auch viele überhaupt erst krank und bekommen Organschäden und brauchen dann eine Transplantation. Es fehlt an allem. Das Land ist völlig isoliert. Und es kommen jeden Tag neue Sanktionen hinzu. Als ob die bisherigen nicht genug wären. Was ist das für eine Welt? Nur Feindschaft! Nur Angst und Sorge! Nur Inflation! Was bleibt einem übrig? Ein Ei kostet 600 Toman. Nicht mal ein einfaches Brot kann man sich mehr leisten. Nieren zu verkaufen ist nichts Ungewöhnliches in diesem Land. Ich bin 55. Ich wäre heilfroh, wenn jemand überhaupt meine Niere kaufen würde. Viele wollen junge Organe kaufen. Wer kauft eine 55-jährige Niere, während die 18-Jährigen ihre Nieren unter dem Marktpreis verkaufen? Ich bin ein Familienvater und schäme mich jeden Tag vor meiner Familie. Seit Monaten kann ich nicht mal ein Kilo Obst für sie kaufen. Ich sage Ihnen eins: Es gibt nicht Schlimmeres in diesem Land, wie als Mann geboren worden zu sein.«

Blutgruppe B+: »Für die Menschen, die sich ein normales Leben leisten können, ist die zweite Niere die ›Reserve‹. Für die Armen ist sie die ›Ersparnis‹. Die zweite Niere, das zweite Auge sind unser einziges Kapital. Meine Organe sind ohne Alkohol gesund geblieben. Dank der Verbote im Gottesstaat! Wenn ich allein mit dem Geld, das ich vom Verkauf eines Auges bekomme, die Unigebühren meiner Tochter bezahlen kann, warum sollte ich das nicht tun?«

Blutgruppe 0-: »Ich bin bald 60. Habe nie geheiratet. Habe keine Kinder. Habe mein ganzes Leben für meine Schüler gelebt. Vor einem Monat starb mein Onkel an Nierenversagen. Seitdem denke ich ernsthaft daran, meine Niere zu spenden. Allerdings nur an eine Person, die sich auf dem freien Markt keine Niere leisten kann.

An einen wirklich armen kranken Menschen würde ich sofort meine Niere spenden. Es gibt viele, die ihr Hab und Gut verkaufen, um ihrem Kind eine gesunde Niere zu kaufen. Nur für die Nachbehandlungen und für die Medikamente würde ich dann etwas Geld verlangen.«

Blutgruppe A-: »Ich bin Arbeiter. In einer Fabrik. Jetzt haben wir seit Monaten keine Gehälter mehr bekommen. Auch unsere Krankenversicherungen wurden nicht gezahlt. Protestieren kann man schon. Aber dann wird man endgültig gekündigt. Wer will mich noch anstellen? Im besten Fall wird man als Unruhestifter dargestellt. Deshalb habe ich entschieden, eine Niere und meine halbe Leber zu verkaufen. Eine Niere reicht mir aus. Und meine halbe Leber wird sich von allein regenerieren. Das wissen viele Menschen. Alle sagen, dass die Leber wächst. Weiter wächst.«

Mir wird es kalt, wenn ich an die Leber denke. Es riecht nach Eisen, Blut, Kälte.

Die Worte meiner Landsleute vermehren sich in meinem Kopf. In der Nacht, wenn ich mich hinlege, sehe ich Bilder von verstümmelten Menschen. Viele Menschen gehen humpelnd von einer Wand zur anderen, um ihre Organe an die Nägel der Metzgereien zu hängen. Überall ist auf die Wand geschrieben: »Frisch! Frische Niere! Frische Leber! Zum halben Preis!« Die Wände sind voller Blutstropfen. Die unterschiedlichen Blutstropfen von unterschiedlichen Blutgruppen stoßen sich gegenseitig ab: A gegen B. B gegen A. Plus gegen Minus. Ich sehe, wie alle Menschen zusammen im Chor singen: »Die Leber wächst! Es lebe die Leber!«

Eine schwangere Frau schreibt mit großen Worten an die Wand: »Zentrum des Leberwachstums«.

Danach legen sie sich alle solidarisch in die Sonne und warten bis sich ihre halbierten Lebern regenerieren und wachsen. Die Leber lebt. Sie wächst wie ein Gummibaumblatt in der Sonne. Sobald die Lebern vollständig gewachsen sind, halbieren sie ihre Lebern. Sie sitzen dann ruhig in der Sonne und essen zusammen ihre neu gewachsenen Lebern. Und so geht es weiter und weiter. Bis ich aufwache.

Schneekugel

Durch das Fenster des Badezimmers leuchten die Lichterketten des Nachbarfensters. Draußen ist Weihnachten. Es schneit. Ich sitze in der Badewanne und umarme mich, soweit ich kann. Mir ist kalt. Ich lasse noch etwas warmes Wasser laufen und denke an meinen gestrigen Therapiebesuch. Und an die Wartezimmergespräche zwischen den gestressten, unglücklichen Patienten:

»Man kann sich im Wasser entspannen. Mit Lavendel«, sagte eine Patientin.

»Mit Hibiskus«, meinte die Patientin neben ihr.

»Am besten wirkt Kaffee«, sagte ganz laut eine andere Patientin, die nervös etwas Langes, Breites, Viereckiges mit einem mehrfarbigen Faden strickte. Das, was sie da strickte, konnte zum Schluss ein großzügiger Schal oder eine dünne Kindertagesdecke werden.

»Betten, betten muss man am besten«, sagte ein Patient.

»Betten?« fragte ein älterer Patient.

»Ja! Zu Gott! Betten!« antwortete der Patient.

»Also beten meinen Sie. Ja! Beten zu Gott hilft genau so wie Baden in der Badewanne«, meinte der ältere Patient.

Betend zu Gott sitze ich nun in der Badewanne. Ohne Hibiskus und Lavendel. Nur Meersalz gebe ich dem Wasser hinzu. Wie immer, wenn ich das Meerwasser vermisse. Ich schließe die Augen und versuche, den Geruch des Kaspischen Meeres aus dem Meersalzwasser herauszuriechen. Das deutsche Wort Meer erinnert mich immer an das persische Wort مهر *Mehr*. *Mehr* bedeutet in meiner Muttersprache Liebe. Und مهربان *mehrban* bedeutet liebevoll. Gott soll auch *mehrban*, liebevoll sein. Gott fließt mit seinem Attribut mit hinein in das Meersalzwasser. Viele sagen, ihr Gott ist der einzige. Der richtige. Sogar der richtigste. Dabei hat noch keiner je Gott gesehen. Außer Großmutter. Sie träumte einmal von Gott. Im Schlaf trug sie eine Kette. Diese Kette schenkte sie mir. Ich trage sie Tag und Nacht. Sie soll heilend sein. Oder magisch. Wunscherfüllend. Etwas von Großmutters richtigem Gott soll in dieser Kette gespeichert worden sein. Mit dem etwas Gott um den Hals bete ich in der Badewanne. Und denke dabei an die Betonung, die aus betten beten und aus beten betten macht.

Gestern war ein nasser Tag. Tagsüber regnete es einen kalten Regen und später fiel Schnee. Seitdem schneit es ununterbrochen. In der Praxis ließ ich meinen kleinen Taschenschirm im Schirmständer am Eingang. Ein roter Zettel war darauf geklebt: »Schirmständer! Bitte keinen Müll einwerfen! Danke!«

Nach einer Weile kam ein älteres Paar herein. Die Frau ging zur Sekretärin und der Mann blieb neben dem Eingang stehen und steckte seinen Regenschirm in den Mülleimer, in dem noch ein anderer Schirm stand.

Schirmständer und Mülleimer waren aus ähnlichem Metal und hatten eine ähnliche Form. Der Mülleimer war nur etwas niedriger und hatte keinen roten Zettel.

Einen Schirmständer als Mülleimer wahrzunehmen und den Mülleimer als Schirmständer erinnerte mich an das Tassenexperiment des Linguisten William Labov, in dem es um die Grenzen zwischen den Kategorien geht: Die Grenzen zwischen Tasse, Schüssel und Vase.

Wann ist eine Vase Vase und eine Tasse Tasse?

Eine Vase kann als eine Tasse wahrgenommen werden, wenn man in seiner Vorstellung aus ihr Tee trinkt. Der Inhalt macht also aus einem Gefäß eine Tasse.

Und eine Badewanne? Frage ich mich selbst, während ich weiter dem Wasser Meersalz zugebe. Die Badewanne kann zum Meer werden, wenn in ihr eine Frau liegt, mit großer Sehnsucht nach dem Meer ihrer Kindheit.

Unterwegs zur Uni schneite es leise. Ich dachte an meine Seminararbeit, in der es um das Präfix »*Ver*« ging: *Verkümmern, verschleppen, verteilen, verneinen, vermeiden, verschmelzen, verbarrikadieren, verschenken, versagen, verzagen.*

Diese Wörter sind nicht nur ein Teil meines Wörterbuches *Deutsch als Fremdsprache*, sondern auch ein Teil von mir: Mein ganzes Leben ist mit diesem *Ver*-Teil des Deutschen Wörterbuchs verknüpft. Er hat alle nötigen Worte zur Beschreibung meines Lebenslaufes. Eines Lebenslaufes, der mit Verben wie *verlangen, versammeln, versuchen, verordnen, verhören, verzichten, verweigern, verweilen, verurteilen, verdrehen, verteidigen, verfolgen, vertreiben, verbannen* beginnt und mit Verben wie *verlieren, verlassen, verwirren, verirren, verlaufen, versinken, vertrösten, vermissen, vermissen* und *vermissen* weitergeht.

Wie ein heiliges Buch drücke ich mein Wörterbuch *Deutsch als Fremdsprache* in der Hand.

Verliebt in verbindendes, verständnisvolles, fremdenfreundliches Deutsch als Fremdsprache denke ich an: Die Vermessung des Vermissens.

Es regnet Buchstaben in mir. Buchstaben. Zerstreut. Zerkaut. Zerbröselt. Kopfkissen. Daunenfedern. Feder meines Schreibens. Wehtuend. Kopfkissen voller Schneeflocken. Unter meinem Kopf, in dem meine Träume schmelzen. Kopfbezüge, die alles aufsaugen. Bilder. Traumbilder. Geschmolzene Schneeflocken. Kopfkissen, immer dünner, nasser, kälter, tiefer und tiefer. Mein Kopf samt seiner Träume stürzt in die Dunkelheit.

Ein Kopf voller Buchstaben. Bücher. Es liegt an den Buchstaben, die ich wie Nahrung zu mir nehme. Im Traum bin ich in einer riesigen Badewanne, die aussieht wie ein Topf. Gefüllt mit Buchstabennudeleintopf. Der Eintopf ist warm. Und schmeckt nach den Eintöpfen, die Großmutter immer im Winter kochte. Großmutter schwimmt mit Mantel und Kopftuch in dem Eintopf. Wir schwimmen ganz tief unten am Meereseintopfboden, dort wo Algen und Seegräser wachsen. Sie bewegen sich weich im Wasser. Möhrenfarbene Meeresfrüchte und lauchähnliche Blätter sind überall zu sehen. Ich lächle und bin froh, mit Großmutter im Meer zu sein. Lächelnd sehe ich mein Spiegelbild im Meereseintopfwasser. Mein Mund ist voller Bücher. In zwei Reihen sind die Bücher dicht aneinander aus meinem Kiefer gewachsen. Jeder Zahn ist ein Buch. Ich finde im Traum mein Wörterbuch *Deutsch als Fremdsprache* ganz vorne. Sein Umschlag ist beinahe zerrissen. Wahrscheinlich weil ich meine Zähne mit Zahnseide putze. Ich muss sofort damit aufhören, denke ich im Traum.

Später sitzt die Großmutter am Strand auf einem großen Tuch. Sie hat wie immer Reisgebäck mit Zimt dabei. Und eine Thermoskanne voller Kardamomtee. Ich will sie rufen, aber mein Mund fühlt sich schwer an. Ich komme aus dem Meer heraus. Es tropft Algeneintopf aus meinem Mantel. Mein Kopftuch klebt an meinem Kopf und riecht nach frischen Fischen. Meine lange nasse Hose klebt an meinen Beinen, sodass ich kaum laufen kann. Ich bin froh, dass ich zumindest barfuss ins Meer gehen durfte. Der Sand am Strand wird mit jedem Schritt weicher und schluckt mich mit jedem Schritt tiefer in sich hinein.

»Hilfe!« rufe ich laut.

Die Großmutter rennt zu mir. Sie zieht mich aus dem Sand heraus und sagt: »Frauen werden schwer im Meer.« Sie trägt mich zu dem grünen geblümten Tuch und trocknet mich ab. Sie riecht nach Zimt. Es ist schön, nach so viel Schwimmen von Großmutter getragen und getrocknet zu werden. Sie hat eine großzügige, warme Umarmung. Viele Männer gehen an uns vorbei. Ich merke plötzlich, dass ich nackt auf dem Tuch sitze. Ohne Mantel und Kopftuch.

Verwirrt frage ich: »Oma! Darf ich überhaupt hier nackt sitzen? Wie groß bin ich denn?«

Großmutter sagt lachend: »Na klar darfst du das. Du bist doch noch ein Kind. So groß wie ein Fenchel.«

»Es ist so schön, ein Fenchel zu sein.«

Am nächsten Tag schneit es den ganzen Tag. Leise. Langsam entferne ich mich vom leuchtendwarmen Weihnachtsmarkt und erreiche die menschenleeren kalten schneevollen Straßen. Auf den Straßen bleiben nur noch kleine Lichter. Lichterketten. An den Fenstern. Fenster der Nacht. In der tiefen Nacht meiner Erinnerung leuchteten ferne Fenster am Horizont, wenn Vater uns im Auto fuhr. Lichter, die uns begleiteten. Wie an den blauen Horizont geklebte Glitzerperlen und Silberknöpfe. In tiefruhiger Nacht. Ich liebte diese kleinen fernen Lichter. Diese wachleuchtenden Fenster. Wir fuhren damals durch ferne Wege. Auf der noch von der Wüstensonne warmen Sandhaut. Die Abdrücke unserer Autoreifen sind nun zu Erinnerungsfossilien geworden.

Ertrunken in Gedanken laufe ich durch den Weihnachtsmarkt. Schwimmend im Glühweingeruch. Aus diesem filtert mein Erinnerungssinn Zimtduft als vertrautesten Bestandteil heraus. Es ist so schön, wie Zimt überall auf der Welt nach Zimt riecht. In der Vergangenheit und Gegenwart. Sowohl in der großen Küche von Großmutter, die nur noch in meinem Gedächtnis existiert, als auch im unversehrten Weihnachtsmarkt. Ich suche überall nach Ähnlichkeiten. Ähnlichkeiten zwischen Vergangenheit und Gegenwart. An Ähnlichkeiten halte ich mich fest.

In meinem Kopf sitzen aufgereiht die gelernten Worte. Die gehörten Worte. Die gehörten Worte fühlen sich mitten in meiner Muttersprache wohl. Sie werden zugehörig. Sie bekommen Form und Farbe, je nachdem wie sie klingen. Sie sind nicht mehr im Wörterbuch *Deutsch als Fremdsprache.* Sind nicht mehr fremd. In meinem Kopf sitzen sie neben meinen Erinnerungen und werden ein Teil von mir._

Meine Muttersprache verhält sich fremd, sobald sie aus meinem Mund kommt.

Auf der sicheren, mit Leuchtketten und Sternen geschmückten Straße. Unter dem schneevollen Himmel. Die Wörter fließen der Reihe nach aus meinem Mund und frieren. Sie sind Minderheiten. Wie Wintertauben fliegen sie aus meinem Mund heraus und suchen sich auf den Dächern alter Häuser einen Platz. Sie schmiegen sich aneinander. Verblassen im Nebel. Verlieren ihren Klang.

Ich rede nur noch selten in meiner Muttersprache. »Zum Schluss wirst du deine Muttersprache vergessen, ohne ein gescheites Deutsch gelernt zu haben«, sagt meine peruanische Kommilitonin. Wir lachen beide. Ohne weitere Worte. Lachen klingt in allen Sprachen ähnlich.

Das Wasser wird immer kälter. Ich fühle mich schwer. Schneeschwer. Es schneit in meiner Schneekugel, in der ich mich seit Jahren befinde. Eine Schneekugel, die durch Kriegserinnerungen von Zeit zu Zeit zu einer Staubkugel wird. Schmelzend im Mund der Zeit. Schneekugel. Alles, was schmilzt, hat etwas von der Zeit in sich. Ich lehne mich an meine Lehnwörter. Und kämme die Teppichfransen. Schwierige Teppiche. Bodenständige Teppiche.

Wie lange kann man in einer Badewanne sitzen? Meine Gefühle fühlen sich eingeweicht. Erkältet. Meine Haut gealtert. Wie Elefantenhaut. Hat viele Falten bekommen.

Vielfalt. فيل *fiel*: Elefant. Ich denke an die Bedeutung der Bedeutung. Je mehr ich daran denke, desto mehr verliert die Bedeutung an Bedeutung.

Das Wasser ist voller Buchstaben. Buchstabensuppe. Ein verwirrtes Bild. Wenn die Bilder, Zeiten und Sprachen überlappen, sich miteinander vermischen. Verschwommen. Schwindlig, im wackeligen Zustand des Seins.

Ich bewege mich nicht. Die Badewanne hat etwas Heimeliges im Vergleich mit dem Weihnachtsmarkt. Das Gesicht meiner Heimat hat etwas vom Nebel in sich. Mein Gesicht hat etwas von meiner Heimat. Je weniger es sie gibt, desto mehr baue ich sie in mir auf. Mit Wortbacksteinen. Ich gebe ihr eine deutschsprachige Struktur. Infrastruktur.

Vor lauter Weihnachtsfreude glänzen die Strassen, durch die ich mit meinem Abschlusszeugnis in der Hand laufe.

Im Kreis laufe ich herum. Da in der Mitte viel los ist. Es schneit hier in dieser Kugelhaube. Ich laufe am Rand der Haube und schaue durch die Scheibe heraus. Verfangen unter der Glashaube einer Schneekugel. In einer Haube, in der es immer schneit. Und in der ich immer dasselbe tue: Gehen. Im Kreis. Es gibt keine Türe. Es gibt keine geraden Wege. Nur Worte. Fremdworte. Geheimworte. Worte mit Klein- und Großbuchstaben.

Gemischt mit Zahlen. Zur Sicherheit. Kennworte, die einem in der Luft Türen erscheinen lassen. Die man laut aussprechen muss. Oder auf die unsichtbare Glashaube schreiben muss. Wie am Anfang werden auch am Ende nur Worte bleiben.

Die Gegenwart ist rund. Nur meine Kindheit war gerade. Sie war eine Gasse mit Anfang und Ende.

Das

Mit all meinen ausgeliehenen Büchern und einer Tüte Studentenfutter sitze ich zum letzten Mal in der Mensa. Es ist Februar. Mitte Februar. Es schneit. Durch das Fenster kann ich die alten Kirchtürme sehen, die hinter den fallenden Schneeflocken immer blasser werden. Gerade habe ich mein Studium beendet. In Deutscher Linguistik. Mit der mündlichen Prüfung. Darin ging es um Quines Unbestimmtheit der Übersetzung und um die Sprache als Kommunikationsmittel. Auch während der Prüfung schneite es ununterbrochen. Auch während der Prüfung saß ich am Fenster und konnte die fallende Schneeflocken sehen. Ich versuchte – spontan – am Beispiel Schnee, meine sprachphilosophischen Gedanken zu verbildlichen. Und sagte, dass Schnee nicht mehr wirklich weiß ist, wenn er nicht mehr neu ist. Auch wenn viele Menschen gleichzeitig an weiß denken, wenn es schneit. Dass Menschen generell Schnee mit weiß gleichsetzen. Auch in meiner Muttersprache, Persisch, assoziieren Menschen Schnee mit weiß. Wenn ich aber auf Persisch an Schnee denke, kommen mir noch mehr Schneeeigenschaften in den Sinn. Denn das Wort *Schnee* in meiner Muttersprache klingt so leise, dumpf und in sich ruhend wie der Schneefall selbst: برف *Barf*. So kann der Klang eines Wortes seine Wahrnehmung ändern. Im deutschen *Schnee* schwingen andere Buchstaben und Klänge mit. *Schnee* und *Barf* bezeichnen beide dasselbe Wetterphänomen, aber bei der Übersetzung verlieren sie manche Eigenschaften – der Klang wird nicht mitübersetzt.

Meine mündliche Prüfung war zwar zu Ende, aber in meinem Kopf ging sie weiter. Ununterbrochen wie Schneeflocken gingen mir zahlreiche Beispiele für meine Sprachtheorien durch den Kopf. Während ich eine Walnuss aus meiner Studentenfuttertüte nahm, dachte ich an die Nüsse in der Verpackungsfabrik, in der ich kurze Zeit nach meiner Ankunft in Deutschland gejobbt hatte. In dieser Fabrik wurde mir vielleicht zum ersten Mal die Rolle der Sprache als Kommunikationsmittel bewusst.

Die Arbeit begann sehr früh. Im Dunkeln. Wir Arbeiter, alle, sammelten uns bei einer S-Bahn-Haltstelle. Pünktlich um 5 Uhr früh wurden wir von einem Bus der Fabrik abgeholt. Außer dem Busfahrer saßen dann alle im Halbschlaf im Bus, ohne miteinander ein Wort zu sprechen. Auch danach, als die Arbeit in der Nussfabrik begann, kam die deutsche Sprache sparsam zum Einsatz. Dabei wurden oft unkonjugierte Modalverben benutzt. »Machen« und »müssen« waren sehr oft zu hören. Viele sagten »mussen«, ich verstand es aber trotzdem mit Umlaut. Auf »sollen« wurde kaum geachtet, »können« fand wenig statt und »dürfen« wurde von uns Arbeitern nur notdürftig benutzt, während die Vorgesetzten versuchten, uns mit dem »nicht dürfen« bekannt zu machen.

Die Substantive, die ausgesprochen wurden, waren: Haselnüsse, Walnüsse, Mandeln, Paranüsse, Rosinen, Erdnüsse. Diese Worte beschrieben das Innere einer Tüte. Weitere Worte bezogen sich auf das, was sich außerhalb der Tüte befand.

»Ablaufdatum« war das wichtigste Wort auf einer Tüte. Sogar wichtiger und existenzieller als die Nüsse selbst. Trotz seiner unumstrittenen Wichtigkeit versprachen wir uns oft und nannten es »Abfalldatum«, auch wenn wir verstanden hatten, was ein Ablaufdatum bedeutete. Wir kamen beinahe alle aus Ländern, in denen Nüsse nur lose verkauft wurden und somit ohne Ablaufdatum.

Die alte, viereckige, staubige Fabrik erinnerte an eine Tiefgarage. Die wenigen, schwachen Neonlichter beleuchteten mit Mühe die Mitte der Halle. Dort wurden die Nüsse durch die Handarbeit einfacher Arbeiter und mithilfe einfacher Maschinen in Tüten gepackt. Zuerst kamen die Nüsse aus einem viereckigen Loch, das sich direkt über unseren Köpfen in der Decke befand, und rollten auf einer Art Metallrutsche herunter.

Mitten in der Halle stand ein viereckiger Raum aus Glas, ähnlich wie die Infoschalter an Bahnhöfen, aus denen die Stimme eines Beamten per Lautsprecher nach außen dringt. In diesem Raum saß ein Chef hinter einem kleinen Computerbildschirm und gab uns, wenn nötig, per Mikrofon Anweisungen.

Es gab aber auch eine Frau, die außerhalb des Glaskastens war und uns vorgesetzt – im wahrsten Sinne des Wortes, denn sie saß immer auf einem Stuhl, der weiter oben am Metallgerüst der Rutsche befestigt war. Der Hauptbestandteil ihrer deutschen Sprache war: »Das«. Wenn sie mit uns kommunizierte, benutzte sie dermaßen oft das Wort »Das«, dass man von einer Das-Sprache sprechen könnte. Da sie scheinbar die Dinge nicht namentlich kannte, zeigte sie mit dem rechten Zeigefinger auf etwas und sagte: »Das«. Wir versuchten dann zu verstehen, was sie meinte, je nachdem auf welchen Gegenstand oder welche Person sie deutete. Die Kombination aus Zeigefinger und dem Wort »Das« ergab dann die Lösung. So zeigte sie beispielsweise auf einen Karton – »Das!« – und dann auf einen Haufen Nusstüten – »Das!« – so verstand man, dass man die Tüten in den Karton packen sollte. Und auf diese Weise bekamen auch alle Nüsse einen zweiten Namen: *Das*.

Wenn wir sie mal nicht verstanden, versuchte sie sich durch Wiederholung besser zu verständigen – statt »Das« sagte sie dann »Das das« oder auch »Das! Das das das!« – Und zwar mit einem beleidigten Unterton, der an Dringlichkeit zunahm. Die Tonalität ihres *Dases* sollte wohl bedeuten: Wieso versteht ihr mich nicht? Ich meine doch: Das! Das das! Warum versteht mich keiner?

An meinem letzten Arbeitstag in dieser Nussfabrik wollte sie mir eine Anweisung geben, hatte aber die Hände gerade nicht frei. Sie sagte: »Das«, bewegte gleichzeitig ihren Kopf und warf ihren Blick auf etwas. Ich versuchte, zwischen ihren Augen und dem *Das* eine unsichtbare Linie zu ziehen, um herauszufinden, was das *Das* diesmal war. Ihr Blick deutete aus meiner Sicht auf einen Besen. Als ich ihr den Besen holte, fing sie wieder an, diesmal ohne Kopfbewegung, laut zu fordern: »Das, das« – diesmal konnte ich eine tiefe Unzufriedenheit heraushören. Einige unterbrachen ihre Arbeit und schauten uns an. Ich ging panikartig zwischen dem Fließband und einem Stapel halbvoller Nusskartons hin und her. Auf dem Fließband lagen aneinandergereiht viele luftgefüllte Plastiktüten. Außer diesen Dingen und dem Besen konnte ich kein weiteres *Das* wahrnehmen. Nachdem ich ein paar Mal von dem vermuteten ersten *Das* zum vermuteten zweiten *Das* hin- und wieder zurückgegangen war, blieb ich ratlos stehen. Die Vorgesetzte stand auf, kam die Treppe, auf der ihr Stuhl wie ein Thron stand, hinunter, und ging kommentarlos zu einer dunklen Ecke. Sie bückte sich, nahm eine Schere vom Boden und drückte sie mir in die Hand. Währenddessen schaute sie mir schweigend in die Augen. Mir fiel zum ersten Mal auf, wie klein und stämmig sie gebaut war. Ich hielt die Schere in der Hand und erwiderte für einige Sekunden ihren Blick, da ich nicht wusste, in welcher Sprache und wie ich sie nach dem Einsatz dieser Schere fragen sollte. Nach einer kurzen Stille zeigte ich ihr die Schere und zuckte mit den Schultern. Das sollte heißen: »Was soll das nun mit der Schere?«, was sie sofort verstand. Sie nahm mir die Schere aus der Hand und stach in eine der luftgefüllten Tüten. Die Tüte platzte laut. Alle schauten sich nach uns um. Wie in einem Theatersaal. Die dunkle, riesige, fensterlose Halle, in deren Mitte wir vom schummrigen Neonlicht beleuchtet wurden, war einem Theatersaal gar nicht so unähnlich.

Ich begann nach dem Vorbild meiner Vorgesetzten, die leeren Tüten eine nach der anderen zu zerstechen. Während ich in die unnützen Plastiktüten stach, fragte ich mich, warum man die Nüsse nicht einfach lose verkaufte? So viel Tinte wurde für das Beschriften der Plastiktüten verwendet und vor allem so viel Plastik verschwendet, um die Nüsse zu verpacken. Wenn die leeren Tüten zumindest benutzt worden wären. Doch sie waren aus menschlichem oder maschinellem Versagen nicht mit Nüssen sondern mit Luft gefüllt. Nun wurde ein Mensch wie ich bezahlt, um diese Tüten zu zerstechen, damit sie im Müll weniger Platz wegnahmen.

Ich konnte nicht verstehen, warum die Nüsse in ihren großen 10-Kilo-Jutesäcken nicht – wie auf den Basaren anderer Länder – in die Ecke eines Supermarkts gestellt und dann individuell in kleinen Papiertüten weiterverkauft wurden. Je nachdem, wie viel jeder wünschte. Warum mussten mindestens 20 Menschen so früh aufstehen und mit einem Extrabus weit weg aus der Stadt gebracht werden, um die Nüsse in Plastiktüten zu schütten und die Plastiktüten in Kartons zu packen und die Kartons wieder kilometerweit zu fahren und in Supermärkte zu bringen? Wer hatte sich so etwas Umständliches ausgedacht, fragte ich mich.

Irgendwann, nachdem ich 30 Tüten Luft zerstochen hatte, fing ich an zu lachen. Vor mir lag noch ein Berg an zu zerstechenden Lufttüten. Dabei stand diese Aufgabe gar nicht in meinem Arbeitsvertrag. Je mehr ich an die Sinnlosigkeit und Absurdität meiner momentanen Tätigkeit dachte, desto lauter wurde mein Lachen. Dabei merkte ich, wie sich meine Muskeln, die vor Müdigkeit wehtaten, entspannten. Gleichzeitig versuchte ich mich an die traurigsten Ereignisse meines Lebens zu erinnern, damit ich möglichst schnell mit dem Lachen aufhören konnte. Als ich es schaffte, mein Lachen etwas zu beherrschen, überfiel mich eine noch größere Lachwelle, weil ich sah, wie erstaunt mich die anderen beobachteten. Für einen Moment dachte ich, dass irgendwo in diesem viereckigen Loch an der Decke eine versteckte Kamera installiert war und sicher bald der Moderator eines Morgenmagazins erscheinen und zu mir sagen würde: »Herzlichen Glückwunsch! Sie haben uns durchschaut. Das ist unser Versteckte-Kamera-Programm XY, und diese wunderbare Frau, die sie von Anfang an mit ›Das‹ angesprochen hat, ist unsere wunderbare Mitarbeiterin.«

Mein Lachkrampf dauerte mehrere Minuten. Irgendwann fingen die anderen auch zu lachen an. Dann schrie mich die Vorgesetzte an – so laut und bedrohlich wie möglich. Daraufhin kam der Chef aus dem Glasraum heraus. Zuerst wollte er wissen, ob ich betrunken sei. Ich musste ihn anhauchen – ich hauchte: »Ha«. Das erinnerte mich an meine Heimat, wo man keinen Alkohol trinken durfte und sehr oft ins Gesicht der Sittenpolizisten hauchen musste. Ich hauchte »Ha« – und musste gleich weiter lachen »Ha Ha Ha…«. Mein Bauch tat weh, und mir wurde langsam schlecht. Ich dachte, ich würde bald keine Luft mehr bekommen und in diesem Saal vor lauter Lachen sterben.

Aber ich starb an diesem Tag nicht, sondern wurde fristlos gekündigt. Erst in einem Brief, den ich von der Nussfabrik bekam, erfuhr ich die Gründe meiner Kündigung: Störung des Arbeitsverlaufs und Drogenmissbrauch am Arbeitsplatz.

Die Sprache spielte auch bei meinem zweiten Job, in einer kleinen Bäckerei, eine große Rolle. Zu Beginn rechnete ich nicht damit, dass mir dieser Job bereits während der kurzen Probezeit gekündigt werden würde. Gleich am dritten Arbeitstag wollte mein Vorgesetzter wissen, ob ich überhaupt rechnen konnte. »Natürlich kann ich rechnen«, sagte ich »aber im Persischen spricht man zweistellige Zahlen in einer anderen Reihenfolge aus. Statt ›zweiundzwanzig‹ sagt man auf Persisch ›zwanzigundzwei‹.«

Normalerweise klappte das Ausrechnen der Preise, weil ich in Ruhe die Summe im Kopf zusammenzählte und genug Zeit hatte, das Ergebnis auf Deutsch richtig zu benennen. Aber am letzten Tag meiner Arbeit, als die Schlange sehr lang geworden war, bekam ich Panik und vertauschte die Zahlen beim Aussprechen der Summe oder manchmal sogar schon während des Rechnens im Kopf. Ich wusste nicht mehr, wie oft ich die Zahlen schon umgedreht hatte und nannte dann einen ungefähren Preis. Denn ich wollte, dass sich die Schlange bewegte und die Kunden für ein paar Pfennig nicht länger warten mussten. Je länger die Suche nach der richtigen Reihenfolge dieser einfachsten Zahlen dauerte, desto unwohler fühlte ich mich. Ich hätte nie im Leben gedacht, dass ich eines Tages, als ein Mensch, der im Gymnasium eine 1 in Algebra gehabt hatte, in einer Fremdsprache plötzlich nicht mal eine zweistellige Zahl richtig aussprechen können würde. So kam es, dass ich am Ende dieses Tages 80 Mark im Minus stand.

Manche Kunden hatten das Geld, das ich ihnen zu viel herausgegeben hatte, für sich behalten. Eine Kundin sagte, dass ich so falsch gerechnet hatte, dass sie nicht nur das Brötchen kostenlos gekriegt hatte, sondern auch noch 2 Mark zusätzlich. Auf einmal wurde mir klar, warum sich die Schlange innerhalb kürzester Zeit verdoppelt hatte und warum alle so geduldig warteten und mich freundlich anschauten. Die 80 Mark minus wurden genauso wie alle anderen Minusse von meinem Lohn abgezogen, und ich war froh, dass ich durch mein zahlenverdrehendes Rechnen keinen noch größeren Schaden verursacht hatte.

Nach der zweiten Jobkündigung zweifelte ich an meiner deutschen Sprache. Ich dachte, ich würde nie im Leben einen Job in Deutschland meistern, der auf irgendeine Art und Weise mit Sprache und Kommunikation zu tun hatte. Vielleicht habe ich deshalb angefangen, deutsche Linguistik zu studieren. Damit ich – soweit möglich – die deutsche Sprache möglichst gut und einwandfrei verstehe.

Während ich zum letzten Mal die Mensa verlasse und durch die verschneiten Straßen gehe, merke ich, dass meine Studentenfuttertüte noch nicht leer ist.

Unterwegs nach Hause sehe ich unsere alte Nachbarin, die mit Braunie, ihrem Hund, spazieren geht. Wir begrüßen uns kurz. Ich frage sie, wie es ihr geht und frage dasselbe auch den Hund. Sie sagt: »Uns geht es gut.«

Braunie schaut mir kurz in die Augen und lässt mich wie immer seinen flauschigen Kopf und die Ohren streicheln. Unsere alte Nachbarin lobt Braunies Verhalten und sagt wie immer dieselben Sätze: »Braunie ist sehr brav. Alles was ich sage, macht er. Ich sage *sitz!* Er sitzt. Ich sage *iss!* Er isst! Ich sage *schlaf!* Er schläft! Er versteht mich mehr als jeder andere!«

Danach verabschiedet sie sich von mir und sagt zu Braunie: »Komm!«

Braunie läuft ihr hinterher, ohne ein Wort zu bellen.

Unter freiem Himmel

Du bist nicht mehr da. Ich drehe mich um und taste nach dir. Es ist dunkel. Ich schließe die Augen und will weiter träumen. Im Traum siehst du zuerst wie du selbst aus. Wie du vor 10 Jahren aussahst. Wie meine ersten Erinnerungen von dir. Dann aber wirst du bei jedem Schritt, den du nimmst, ein paar Jahre älter. Nach ein paar Schritten siehst du so alt und faltig aus, dass ich dich nur durch deine Stimme erkennen kann. Für einen Moment halte ich dich fest. Mit all meiner Kraft. Ich will nicht, dass du weiter gehst. Ich habe Angst um dich. Ich denke, wenn ich dich umarme, gehst du nicht mehr weiter. Und wenn du nicht mehr gehst, dann wirst du nicht mehr älter. Nicht so schnell.

Du stehst neben mir. Mit hängenden Schultern. In einem Umhang, dessen Kapuze deinen Kopf bedeckt. Ein grauer Umhang. Grau und grob. Um uns herum stehen viele Männer und Frauen, die ähnliche Umhänge anhaben. Sie schauen uns schweigend an. Aus Angst schließe ich die Augen. Ich lasse dich los und laufe fort zu einer alten, steinigen Mauer.

Wir gehen alle nacheinander. Es sieht so aus, als ob wir alle zu einer Gruppe Pilger gehörten. Nicht weit von einer Kirche gehen wir an alten Gräbern vorbei. Barfuss. Der Boden fühlt sich kalt an. Einige Glühwürmchen leuchten hier und da. Mein Blick folgt den zerstreuten Lichtern, und bei einem alten Grabstein stolpere ich und falle hin. Alle gehen weiter. Nur du kommst zu mir und beugst dich über mich, um mir zu helfen. Ich hebe den

Kopf und schaue nach dir. In deinem Umhang ist aber mein Vater. Ich merke, wie sehr ich ihn vermisst habe und weine. Ich öffne die Augen, ihr seid beide weg. Ich bin in einem Bett, das immer noch nach dir riecht. In einer Pension, nicht weit vom Hauptbahnhof.

Gestern gingen wir zusammen zu einer alten Kirche. Auf dem Weg umarmten wir uns flüchtig. Das war ein fremdes Gefühl. »Ich habe dich noch nie unter freiem Himmel umarmt. Wann überhaupt?« sagtest du. Kurz vor der Kirche setzten wir uns auf den Boden. Der Boden fühlte sich warm an. Ich lehnte meinen Kopf an deine Schulter und merkte, wie eine Ameise über meinen Fuß lief. Wie würde die Welt aussehen, dachte ich, wenn jedes Lebewesen Auto fahren würde. Dabei war ich froh, dass die Ameise sich zu Fuß auf meinen Fuß bewegte.

Einige Menschen näherten sich uns. Sie trugen Rucksäcke und Sonnenhüte. Eine Reiseführerin erzählte laut etwas über die Geschichte der Kirche und über die Widerstandsfähigkeit des Sandsteins. Ich suchte gleichzeitig nach Steinen auf dem Boden. Es waren viele kleine Steinchen da. Manche waren grau, manche bräunlich. Die Reiseführerin sagte, dass der Sandstein lebt.

Die Menschen gingen an uns vorbei zu den alten Gräbern im Kirchhof. Keiner wollte wissen, ob wir verheiratet oder verwandt waren. Keiner zeigte Interesse an uns. Ich erinnerte mich, wie wir das erste Mal zusammen durch den Teheraner Friedhof liefen: Du warst wie eine hoch gewachsene Weide, deren Blätter im Wind tanzten, mit langen Haaren und langem Bart. Und ich wie eine Wolke, voller Trauer und Gewitter mit einem schwarzen langen Schleier. Wir gingen nebeneinander, ohne einen Text auswendig gelernt zu haben: Für den Fall der Fälle, das die Sittenpolizisten uns aufgehalten und uns über die Art unserer Beziehung befragt hätten. Den ganzen Weg schaute ich nach unten. Meine schwarzen Schuhe waren grau vom Staub, und an den Stöckelschuhen meiner Stiefmutter klebte getrockneter Schlamm. Meine Stiefmutter ging langsam. Ich würde an ihrer Stelle meine Schuhe ausziehen und barfuss gehen, dachte ich. Niemand achtete auf sie. Ab jetzt ist sie frei. Ab jetzt ist sie nicht mehr meine Mutter. Ab jetzt habe ich weder Vater noch Mutter, dachte ich. Seine Liebe zu ihr hatte mein Vater wahrscheinlich mitgenommen. Keiner wird sie mehr lieben, so wie mein Vater sie geliebt hatte, dachte ich, während ich ihre schlammschweren Stöckelschuhe anschaute.

Du gabst mir ein Taschentuch. Ich schnaubte leise aus. Meine Lider fühlten sich schwer an. Ich wollte schlafen. Nur schlafen und dann aufwachen und sehen, dass alles in Ordnung ist.

Ich war erst 20. So alt wie deine Tochter, damals. Du warst 45. So alt wie mein Vater, an diesem Abend. Seit diesem Abend wurde mein Vater nie älter.

Es war Sommer. Spätsommer. Du wolltest mich trösten an diesem Abend. Dieser Abend mit seinem zähen, schwülen Sonnenuntergang war aber untröstlich. Du wolltest vielleicht mein Vater werden, an diesem Abend.

Wir gingen durch die heiligen, staubigen Orte, ohne verwandt zu sein: Wie Vater und Tochter. Ohne Vater und Tochter zu sein. Du als bester Freund meines Vaters. Ich als einzige Tochter meines Vaters. Ohne zu wissen, dass wir in 10 Jahren am selben Tag, zusammen an einem heiligen Ort sein würden, dessen Steine leben.

Ich schaute dich an und versuchte mir vorzustellen, wie mein Vater in deinem jetzigen Alter aussehen würde. Ich fragte mich, wie ich all die Jahre ohne dich leben konnte. Aber dir sagte ich nichts. Schweigend schauten wir die Mauer der Kirche und die alten Grabsteine an.

Du wolltest wissen, ob ich immer noch dichte. Ich nickte nur. Ich erinnerte mich, wie wir zu zweit den Grabstein meines Vaters aussuchten. Unsicher schauten wir uns die Steine an. Der Verkäufer beschrieb die Qualität der Steine. Dass der Marmor wetterfest ist. Danach fing er an, über die Pflege der Steine zu reden. Neben den Steinen gab es ein altes Heft, auf dessen braunem Papier von Hand Grabsteingedichte geschrieben worden waren: Fast in allen Gedichten ging es darum, dass wir alle zu Erde werden. Dass wir alle aus der Erde stammen. Ich konnte aber nicht daran denken, dass mein Vater zu Erde wird.

Als du mich fragtest, was ich mir aus meiner Heimat wünsche, bat ich dich am Telefon, dass du mir ein bisschen Erde mitbringst.

Du gabst mir eine kleine Tüte voller Sand und Erde. Als ich die Tüte öffnete, roch es nach Wüste. Ich fühlte eine große Trauer in mir. Als ob all meine Vorfahren in diese Tüte gepresst worden wären. Inzwischen klingelte dein Handy. Du entferntest dich von mir und versuchtest so leise wie möglich zu reden. Ich blieb da. Du sagtest, dass du am nächsten Tag einen Flug hättest und dass du nicht so viel reden könntest. Nach einer kurzen Pause sagtest du: »Ich dich! Ich dich!« Nach einer Weile klingelte mein Handy. Es war mein Mann. Ich fing an, mit ihm Deutsch zu reden. Ich sprach weder laut noch leise. Du atmetest ganz leise. Bevor ich mich von meinem Mann verabschiedete, war mein Akku leer.

»Die Zeit drängt«, sagtest du, während du ein paar kleine Sandsteine vom Boden aufsammeltest. Ich versteckte die Tüte Erde in meinem Rucksack. Mein Rucksack fühlte sich schwer an.

»Was ist die Zeit«, fragte ich dich. Du gabst mir ein Stück Stein in die Hand und sagtest: »Das ist die Zeit.«

Der Stein sah einsam und verbittert aus. War hart. Hatte einige Sprünge und Poren: Wie eine alte, faltige Stirn. Als ob er, seit die Zeit existiert, unter Wasser gelegen hätte. Während du weitere Steinchen sammeltest, versuchte ich zu begreifen, wieviel Zeit und wieviel Leben in einem Stück Stein weilt.

Für einige Minuten legtest du deinen Kopf auf meine Schulter. Er fühlte sich schwer an.

Nach einer Weile gingen wir ganz vorsichtig nebeneinander: Wie Vater und Tochter. Ohne Vater und Tochter zu sein: Du mit einigen Sandsteinchen in der Tasche. Ich mit einer Tüte Heimat im Rucksack.

Heute bist du fort. Ohne mich zu wecken. Meine Lider fühlen sich schwer an. Ich will schlafen. Nur schlafen und dann aufwachen und sehen, dass alles in Ordnung ist.

Öl und Essig

Drei Etagen hat die Pension, in der ich wohne und arbeite. Zwei für Nichtraucher und eine für Raucher. Ich rauche nicht. Dennoch putze ich die Raucheretage. Sie hat wie die anderen beiden Etagen einen roten Teppichboden. Einen langen Korridor. Drei Toiletten. Drei Duschen. Und eine Tür zum Treppenhaus. Kein Fenster öffnet sich im Korridor. Am Ende des Korridors steht im Putzraum eine Waschmaschine. Die Waschmaschine ist jedes Mal nach dem Waschen nass. Unter ihren Füßen entstehen Pfützen, die ich nach den Anweisungen der Pensionsbesitzerin mit den gebrauchten Handtüchern aufsauge.

Der Korridor mit den geschlossenen Zimmertüren hat einen dunklen, kellerähnlichen Atem mit dem er mich umarmt, sobald er mich durch seinen Türmund in sich hinein geschluckt hat. In seinen riesigen Fischbauch, in dem ich die vermissten Teile meines Lebens entdecke. Mein Leben samt Vater und seinen leeren, nassen Zigarettenschachteln. Samt unserem Hof, der nach frisch gewaschener Bettwäsche riecht. Samt unserem Keller, der sich seit dem Krieg in einen Zufluchtsort verwandelt hat. Jeden Tag tauche ich unter dunkles Moos und fließe in diesem Korridor, in unserem Keller, der in der obersten Etage meines Gedächtnisses nie dunkel wirkt, und beneide den in Essig eingelegten Blumenkohl und die Auberginen, die den Sandkörnern der Zeit trotzen und die Jahre überdauern, während die Blumen unserer Bettwäsche blasser werden und Großmutters Haut mehr Flecken bekommt. Jeden Tag fließe ich von Zimmer zu Zimmer und klopfe. Mein Herz klopft.

Ich sehe in den Raucheretagengästen flüchtige, vor Kälte und Gefahr in den quietschenden Betten Zuflucht suchende Passagiere, die in dieser Großstadt keine Familie haben. Wie ich. Bei jedem Klopfen denke ich, dass ich sie störe. Wie ein Schwamm schleiche ich vor die geschlossenen Türen und klopfe so leise wie möglich. Großmutter sagte immer, sachte muss man einen Schlafenden aufwecken, nicht überfallartig. Denn die Seele weilt nicht beim schlafenden Körper. Bis sie wieder da ist, dauert es eine Weile.

In dem dunklen Korridor fließe ich jeden Tag auf und ab. Denkend an die unzähligen Seelen, die weggeflossen sind: In Tränen. In Schweiß. In blutigen Flüssen. Ich kann nicht so laut, wie die Pensionsbesitzerin es sich wünscht, rufen. Flüsternd rufe ich vor den Türen. Viele müde Gäste schlafen weiter. Viele Gäste antworten nicht. Sie sind schon längst abgereist, mit ihrem Reisegepäck, das meistens aus Discounter-Plastiktüten besteht: Mal umweltfreundliche, mal unfreundliche.

Sobald ich ein Abreisezimmer betrete, öffne ich zuerst das Fenster. Durch das Fenster kommt oft ein gemischter Geruch von gegrilltem Fleisch, Popcorn, Pommes und Abgasen und ein gemischtes Geräusch von Straßenlärm, Popmusik und Radionachrichten. An regnerischen Tagen, die nicht wenige sind, kommt der Abwassergeruch der überschwemmten Straßenkanäle noch dazu.

Ein Geruch, der sich nicht einmal mit Essigreiniger wegwischen lässt.

Tagsüber putze ich die Abreisezimmer in der Raucheretage. Bevor ich den Boden sauge und Staub wische, beziehe ich immer zuerst die Matratzen neu.

Die Betten in der Raucheretage sind kantig, sperrig und groß. Sie sind unpassend für die kleinen Zimmer. Genauso die Bettbezüge: Die Decken sind entweder größer als die Bezüge oder kleiner. Die Matratzen sind schwer. Schwer wie ein Stück Erde. Seitdem ich hier wohne und arbeite, vermehren sich die blauen Flecken an Beinen und Oberschenkeln. Denn sobald ich eine Matratze neu beziehen will, beginnt ein Kampf zwischen ihr und mir. Jedes Mal werde ich von der Matratze zum Bett gezogen und besiegt. Das Schlimmste ist die dünne Spalte zwischen Matratze und Bettrahmen. Bereits ab der zweiten Woche weigerten sich meine Finger, in der Spalte zerquetscht zu werden, und verwandelten sich in eine Art glitschige Flosse, die nun leichter in die Spalten reinpasst.

Nachtsüber ziehe ich mich zurück, in die Nichtraucheretage. Mit brennenden Augen, geräuchert im Zigarettenrauch. Es dauert, bis sich meine Augen an die Dunkelheit unseres Kellers gewöhnen. Großmutter sitzt vor mir. Auf ihrem Schoss liegt Vaters Kopf. Sie hat eine Tüte über dem Kopf. Außer Atem renne ich zu ihr und ziehe die Tüte weg. »Warum ziehst du sie weg? Das ist doch unser Teil unseres Öls«, sagt sie, während sie ihre Plastiktüte sorgfältig zusammenlegt. Vater trägt eine Ganzkörperplastiktüte. Voller Eis. Neben seinem Körper auf dem Boden ist es feucht und dunkel. Ich hole aus unserem alten Schrank, der seit Jahren in einer Ecke des Kellers steht, eine raue, grobe Decke, die als Soldatendecke bekannt ist, und lege sie über meinen Vater, in der Hoffnung, dass es ihm bald wieder warm werden wird. Großmutter hat ihre Nähbrille auf und schaut sich etwas auf den Wänden unseres Kellers an. Etwas, was ich mit bloßen Augen nicht erkennen kann.

»Siehst du?« fragt sie mich sehr leise. Danach gibt sie mir ihre Brille. Ich sehe durch Großmutters Nähbrille, wie aus dem verletzten Bauch meiner Heimat innere Organe präventiv herausoperiert werden und die Wunde mit kilometerlangen, verrosteten Sicherheitsnadeln wieder geschlossen wird. Es bebt und etwas Warmes, Flüssiges tropft durch die Gitter des Daches. Mit brennenden Augen lege ich meinen schweren Kopf auf den Schoß der Großmutter, der nach frisch gemahlenem Kardamom riecht.

Ich will nur schlafen. Draußen ist aber Unruhe. Die Kinder schreien und weinen. Ich denke, Weinen und Schreien sind unmittelbarer als Sprechen. Sie klingen in allen Sprachen gleich. Kein Mensch müsste je das Weinen und das Schreien eines anderen Menschen dolmetschen. Mit glitschigen, schuppigen Händen versuche ich, an den mit stacheldrahtartigem Efeu bewachsenen Wänden unseres Kellers, der keine Treppen mehr hat, hochzuklettern. Vergeblich. Meine Haut brennt, bei jeder Berührung mit der rauen Bettwäsche. Ich suche im Halbschlaf nach meiner Wund- und Heilsalbe, die gewöhnlich auf dem Nachttisch liegt und creme mich dick ein. Alle Bilder kleben aneinander. Übereinander. An meiner Haut.

Ich schaue aus dem Keller hinaus. Durch die Gitter der Abwasserkanäle. Über meinem Kopf trampeln schwarze, rutschfeste Stiefel. Ich sehe unsere Neujahrs-Goldfische, die sich als lebloser, schwarzer Schlamm auf Vaters breite Schultern legen. Ihre Lider will ich schließen: Zur Welt. Zum öligen, klebrigen Elend. Ich schließe die Augen und will nur schlafen. Draußen regnet es. Die betrunkenen Männer singen zusammen etwas, was ich nicht verstehe. Irgendwo brennt es, da die Sirene des Feuerwehrautos schreiend vorbeifährt. Ich verstecke meinen Kopf unter der Decke. Diese Welt da draußen macht mir Angst. Ich will nach Hause. Ich will wieder das kleines Mädchen sein, dem Großmutter beim Quittenmarmeladekochen erlaubte, mit dem großen Holzlöffel im Marmeladentopf umzurühren. An Neujahr. Während Vater den frisch eingelegten Knoblauch und Sellerie datierte, in den Keller brachte und die schon länger eingelegten Knoblauchgläser raufholte.

»Diese sind jetzt reif und heilend«, sagte Großmutter. Wir aßen alle zusammen Essig-Knoblauch mit Kräuterreis. Am Kaspischen Meer. In meinem fünfjährigen Kopf dachte ich damals, wenn man mich auch in Essig einlegen würde, würde ich genauso wie eine Knoblauchknolle nach sieben Jahren reif und heilend sein.

Sehnsüchtig taste ich in meinem öligen Leben und versuche mit Essig, einiges aus meiner Vergangenheit zu retten. Zu konservieren. Vor allem: Meine Kindheit, das nach Salz und Fisch riechende Kaspische Meer, den Geruch der Reisfelder und die alten Schatten der Maulbeerbäume in alten Teheraner Innenhöfen. Ich hole all unsere Gläser aus dem Keller und lege als allererstes den allerersten Satz, den ich im ersten Grundschuljahr gelernt und geschrieben habe, in ein Glas voller Essig ein: بابا آب داد *Baba ab dad*: *Der Vater gab das Wasser.* Überall riecht es stark nach Essig. Meine Augen brennen.

»Du warst so ein süßes Kind«, sagt Großmutter seufzend, während sie immer noch auf der einen Seite ihres Schoßes Vaters gefrorenen Kopf streichelt. »Bin ich nicht mehr?« frage ich und schaue mich im öligen Wasser an, das sich seit dem Krieg bei jedem Regen im Keller sammelt, und schreie vor Angst. Im Wasser schaut mich ein fremdes Spiegelbild an mit einem haarlosen Kopf. Statt Haaren sind viele grüne Blätter auf meinem Kopf gewachsen, und statt Nase und Mund habe ich zwei Blätter senkrecht und waagerecht im Gesicht. Nur die Augen sind noch meine. Die Erde bebt noch einmal, und mein Spiegelbild bebt mit, sodass einige meiner Blätter vergilben und ins Wasser fallen.

Es regnet weiter. Ich werfe die Gläser ins Meer. In der Hoffnung, dass meine Heimat, ohne verseucht zu werden, noch weitere sieben Jahre im Essig ruht.

Am nächsten Tag wache ich mit dem lauten Klopfen der Pensionsbesitzerin auf. Es dauert eine kurze Weile, bis meine Seele und mein Körper wieder zueinander finden. Mit einem Kopf voller Plastiktüten und einem Brustkorb voller Essiggläser renne ich zur Tür und danach zum Lift und drücke den Kellerknopf. Im Keller hat es wieder reingeregnet. Ich belade meinen Reinwagen mit frischer Bettwäsche und Handtüchern und warte auf den Lift. Zuerst schiebe ich den Wagen hinein und quetsche mich dann dazu.

Vorsichtig schiebe ich meinen Reinwagen in den dunklen Korridor der Raucheretage bis zur letzten Tür: Zimmer 21. Zimmer 21 ist ein Bleibezimmer. Dennoch putze ich es wie ein Abreisezimmer. Zimmer 21 ist von einem Iraker gemietet. Ich warte immer so lange, bis er weg ist, und fange erst dann an, sein Zimmer zu putzen. Denn ich habe Angst, dass er mich, wie viele andere Gäste, nach meiner Herkunft fragt. Wer weiß, woran er als erstes denken würde, wenn er erfahren würde, dass eine Iranerin seit einer Woche sein Zimmer putzt. Vielleicht würde er sich an den ersten Golfkrieg erinnern.

Ich putze sein Zimmer besonders aufmerksam. Beim Waschen seines Waschbeckens versuche ich, mit meinen Arbeitshandschuhen nicht mit seiner Zahnbürste in Berührung zu kommen. Bevor ich mit dem Staubwischen fertig bin, viel früher als an den vorigen Tagen, kommt er zurück. Er hat eine Plastiktüte in der Hand. »Hallo«, sage ich überrascht und lächle. Er schaut mir fragend in die Augen. In der Nachbarschaft seiner schwarzen Iris sehe ich die roten, verdickten Adern, die flussartig in glänzender Nässe ruhen. Als ob seine Augen tagelang, offen, unter dem Salzwasser des Meeres vor sich hin geschaut hätten. »Hallo«, antwortet er mir. Nach einer kurzen Weile fragt er mich: »Woher kommen Sie denn?«

»Ich? Woher? Aus ...Tadschikistan.« Ich denke, ich muss aus einem Land kommen, das keinen Krieg mit dem Irak hatte und dessen Sprache ich wie meine Muttersprache verstehen würde.

»Sie sehen wie eine Irakerin aus«, sagt er lächelnd. Ich freue mich, dass ich wie seine Landsfrauen aussehe. Lächelnd versuche ich ihm durch meinen Blick zu Verstehen zu geben, dass ich nicht im Geringsten etwas gegen ihn habe. Auch wenn ich keine Irakerin bin.

»Tadschikistan?« fragt er nachdenklich.

»Ja«, antworte ich leise, während ich mit einem weißen Lappen zum offenen Fenster gehe und die Fensterscheiben putze, in der Hoffnung, dass er nicht genug über die persische Sprache und die Kulturgeschichte der Tadschiken Bescheid weiß. »Tadschikistan? Kenne ich nicht«, sagt er nach einer langen Überlegung. Ich atme tief ein und sehe, dass der weiße Lappen schwarz geworden ist. Wir beide schauen auf den Lappen.

»Am besten machen Sie das Fenster zu«, sagt er ohne weiter zu lächeln. »Und was machen Sie hier?«

»Ich? Ich putze, wie Sie sehen«, sage ich, während ich aus dem Fenster schaue. Draußen fängt es an zu stürmen. Im Wind sehe ich eine ziellos herumfliegende Plastiktüte, die hartnäckig an ihrem öligen Leben klebt.

Persimone

Deine Wunde ist frisch. Du zeigst deine Wunde vor der Kamera. Aber nur deine Wunde. Nicht dein Gesicht. Deine Wunde ähnelt der Wunde deines Kommilitonen. Seine Wunde ähnelt der eines anderen Kommilitonen. Keiner von euch zeigt sein Gesicht. Eure Wunden ähneln den Wunden meines Vaters. Eure Wunden kenne ich. Eure Gesichter nicht. Ich setze auf eure Körper das Gesicht meines Vaters. Mein Vater und seine Wunden multiplizieren sich. Es brennt etwas Unheimliches und zugleich Vertrautes in meinem Brustkorb. Und in meinen Augen. Das sind eure Wunden, seine Wunden, die in meinen nassen, salzigen, großen Augen brennen. In meinem engen dunklen staubigen Brustkorb. Ich schaue weiter. Die Videos, die jeder von euch ohne Drehbuch und Regie, ohne Licht und Kran, ohne Produzent und Kostüm und mit eigenem Handy gefilmt hat. Direkt nach dem Wahlergebnis in Teheran. Die einzige Maske, die die meisten tragen, ist Mundschutz und Sonnenbrille. Auch wenn es bewölkt ist. Auch ohne Tränengas. Ich merke, dass die blauen Busse von damals jetzt gelb geworden sind und die Taxis neu und die Polizistenuniformen grüner als damals. Jeder Soldat und jeder Polizist hat mehrere goldene, sternartige Zeichen und Knöpfe auf den Schultern und der Brust seiner Uniform. Als ob jeder bereits mehrere glänzende Dienste geleistet hätte. In euren Bildern versuche ich mich zu orientieren: In welcher Straße wird jetzt gefilmt? Nur ab und zu kann ich ein Straßenschild sehen. Aber kein besonderes

Merkmal. Kein Geschäft. Kein besonderes Gebäude. Nur Menschenmenge. Nur Motorradfahrer in Antischussweste mit Stöcken in der Hand. Sie stürmen in die Menschenmenge und schlagen mit ihren Stöcken auf die Körper der Menschen. Sie ähneln Männern in Gladiatorenfilmen. Wie sie auf ihren Pferden sitzen und mit Peitschen auf die Köpfe und Körper der Gefangenen und Sklaven schlagen. Sie schlagen sogar auf die Autos, die in der Menschenmenge stehen bleiben. Alle Straßen ähneln einander. Überall Rauch und Feuer: Wie in der Revolutionszeit, sagen und schreiben alle deutschen Medien. Ich weiß nicht, wie die Revolutionszeit aussah. Ich weiß nur wie es nach der Revolution aussah: Düster. Voller Gräben und Staub. Voller schwarz gekleideter Frauen: Mütter mit ausgebranntem Gedächtnis. Mütter mit gefallenen, verschollenen, vermissten Kindern. Mütter, die lebenslang weinen. Lebenslang trauern sie jedes Jahr so um den Tod ihrer Kinder, als ob es gerade passieren würde. Trauerverarbeitung: Ein Fremdwort in der persischen Kultur. Anstatt Trauerverarbeitung: هجله *Hedjle*. Tag und Nacht leuchtet dieses Trauerobjekt im Wohngebiet des Ermordeten. Ein Foto und Gedichte oder Gedenkworte hängen daran. Vierzig Tage. Eher für junge Männer. Fast für keine Frau wird ein *Hedjle* aufgestellt. Frauen leben in meiner Heimat leise. Trauern leise. Sterben leise. Nach der Revolution und nach dem Krieg mit dem Irak wuchsen *Hedjles* wie Mohnblumen. Sie gehören zur Nachrevolutions- und Nachkriegszeit. Das Licht. Dieses bunte Licht, das leider niemanden erleuchtet. Jetzt ist wieder die Jahreszeit der

Hedjles. Auf YouTube sehe ich plötzlich ein Bild davon. Ein Mann, schwarz gekleidet, hält auf dem Foto seinen Kopf zwischen den Händen, während er neben einem *Hedjle* auf dem Boden sitzt. Diese Geste kenne ich aus meiner Kindheit. Schon lange habe ich so ein Bild nicht mehr gesehen. Bis jetzt. Bis zu dieser Wahl. Jetzt, wo alle nach langen Jahren den Mund geöffnet haben und nach Wahrheit fragen: »Wo bleibt unsere Wahl?«

Auf einem anderen Bild hängt in einer Straße eine Ampel von einem gebogenen Mast. Die Ampel ist wie ein dreifarbiger Anhänger an einer unsichtbaren Kette von Luftmolekülen. Die Ampel schaukelt wie ein hingerichteter Mensch an einem Kran. Ein Mensch mit seinem ganzen Gewicht, das so schwer wie sein Gerichtsprozess und seine anwaltlose Verurteilung ist. Eine Leiche, die als Warnung wie ein barbarisches Schmuckstück über der Strasse hängt. Im Herbst so wie im Frühling. Im Sommer wie im Winter. Eine Leiche, die nie begraben werden darf. Eine Leiche, die weiter bestraft werden muss: Lebenslang, todlang, im Dies- und Jenseits. Damit alle wissen, was mit ihrer Leiche passieren würde, wenn sie in ihrer Lebenszeit dasselbe wie sie machen würden: Schreien, Klagen, Schreiben, Lieben, Leben. Eine Leiche. Leiche meines Bruders, meiner Schwester. Leiche meines Freundes, meines Vaters. Meine Leiche. Oder eben Leiche einer Ampel, die bald herunterfällt mit ganzer Wucht, mit ganzer Unschuld wie ein müdes, zersetztes, der Augen durch hungrige Winterraben beraubtes, vergessenes Wesen über der Straße. Niemand aber nimmt sie wahr. Nicht einmal Gottes Augen. Nur ein Handy filmt sie von oben. Von einem Hochhaus. Oder von einem Dach. Nebenbei. Während es die auf den Straßen Demonstrierenden filmt. Gottes Augen sollten die Ampel aber schon, bevor sie da hing, gesehen haben: Sie sehen alles. Sie wissen über alles Bescheid. Sie sind überall. Das wurde mir in der Schule beigebracht. In der Schule, die ich in dieser Stadt besucht habe. Als kleines Mädchen: Eingehüllt in einen grauen, langen, weiten Mantel. Bedeckt mit einem braunen, langen, weiten Schleier, unter dem sich meine braunen, langen, von der Großmutter sorgfältig geflochtenen Haare versteckten. Jetzt tragen die kleinen Mädchen immer noch Mantel und Schleier in der Schule. Aber mit anderen Farben. Keine braune Schleier mehr, sondern weiße. Die Revolutionsfarbe ist, ja, alt geworden. Die Haare der Mädchen sind aber immer noch jung und braun. Ich denke, am besten sollte man in diesem Land als Obst oder als Gemüse zur Welt kommen. Als Gurke. wenn man Mann, als Tomate, wenn man Frau ist. Ohne jegliches Geschlecht. Denn Geschlecht ist in diesem Land schlecht. Ohne Nerven sollte man dort zur Welt kommen, damit alles sauber und heilig bleibt und Gott sich im Jenseits über seine unschuldigen Tomaten und Gurken freut. In YouTube schmelzen gelbe Busse, rotes Feuer und grüne Armbänder ineinander. Eine Farbmasse bewegt sich vor meinen Augen. Eine schreiende Farbmasse. Ich will ins Bild. In den Bildschirm. Plötzlich wird geschossen, und die Farbmasse verwandelt sich in ein Mädchen. Sie stürzt wie ein gefällter Baum auf den Boden. Sie blutet im Gesicht. Ein Mann schreit neben ihr. Verzweifelt. Die Augen des Mädchens sind offen. Wie ihre Wunde. Ihr Blut zeichnet etwas auf ihr Gesicht. Damit sieht ihr Gesicht wie ein vertrockneter Erdboden aus. Ich fühle mich schwer. Ein Mädchen wird vor Gottes Augen erschossen und niemand kann etwas dagegen tun. Nicht einmal Gott. Das Mädchen könnte meine Schwester sein. Meine Cousine. Meine Mitschülerin. Sie ist meine Landsmännin. Sie hat einen Namen: ندا Neda. Neda bedeutet Ruf. Ihr Mörder hat auch einen Namen. Er ist auch mein Landsmann. Alle sprechen meine Muttersprache. Und trotzdem sind sie einander so fremd. In anderen Bildern höre ich mehr, als ich sehe: Schreien. Noch nie wart ihr so laut in diesem Land wie jetzt. Die Straßen sind ein Schlachtfeld. Die Busse sind gelb wie der Herbst. Sie stehen schief wie die Titanic mitten in den Hauptstraßen, die ich durch Menschenmenge und Feuer nicht wiedererkennen kann. Ist das meine Heimat? Diese feurige, blutige, zusammengeschlagene Straße? Und wer sind diese Menschen? Diese, die sich gegenseitig beschimpfen, verfolgen, schlagen und so feige von hinten töten?

Großmutter ist alt und zerbrechlich. Sie sagt, dass sich unser Land dem Ende der Welt nähert. Sie wünsche aber keiner Mutter verletzte, tote und am wenigsten vermisste Kinder. Es gibt viele Vermisste, die lebenslang vermisst bleiben. Manche Mütter entwickeln sich zu chronisch wachen Menschen, die nie aufhören können zu warten. Das kenne ich auch aus der Zeit, als Vater über sechs Monate vermisst wurde. Er konnte sich nicht mehr an die Telefonnummern erinnern vor lauter

Schlägen. Zum Trost muss Großmutter nicht mehr wachsam sein. Obwohl ich sie immer noch ganz wach und lebendig in Erinnerung habe. Sie ist schon lange im größten Altenheim Teherans. Was ich nie glauben will. Vielleicht denke ich deswegen auch immer, wenn ich sie vermisse, dass sie in ihrem alten Haus mit seinem kleinen Garten und den Persimonenbäumen auf mich wartet, bis ich von der Schule zurückkomme. Trotz Erzählungen meiner Schwester: Abreißen des Hauses. Fällen der Persimonenbäume. Pflanzen eines ungeheueren Hochhauses. Dennoch kann ich mir nicht vorstellen, dass es dort Herbst ist und Großmutters Bäume keine Persimonen zur Welt bringen. Die süßen, roten, reifen, fruchtigen Früchte, die wie Lampen zwischen den gelben Blättern an den Ästen hängen. Wenn eine auf den Boden fällt, geht die rote Farbe nie weg. Die blutigen Bilder gehen in meine Haut, in meine Augen, in mein Gehirn. Meine Nerven und Adern reagieren pulsierend auf sie. Je schneller mein Puls, desto tiefer dringen die Bilder in mich. Als ob ich ein Stück Erde wäre und diese Bilder Regentropfen. Ich fühle mich nass und schwer. Man könnte in mir Brunnen graben. Tiefe Brunnen. Ich fühle mich durchbohrt. Niemand weiß hier in diesem deutschen Internetcafe, was in mir los ist, wer ich bin, wo ich herkomme, was ich hier mache. Ich weiß auch nicht, wer ich bin. Ich weiß nur, dass gerade jetzt ein großes Gebiet in mir verwundet ist. Mein Vater kann nicht mehr bluten. Neda kann nicht mehr bluten. Ihr blutet aber immer noch. Es flutet in mir. Eine salzige, brennende Flut. Das Bild einer Frau, die die Stiefel eines

Soldaten küsst, ist das letzte Bild, das ich in den letzten Sekunden sehe. Das Bild kenne ich. Meine Großmutter küsste auch die Schuhe von Männern, die unser Haus ohne Meldung regelmäßig durchsuchten. Sie weinte einmal und sagte, während sie die schwarzen Stiefel der Männer küsste, dass sie es nicht mehr aushalten könne. Dass sie Ruhe brauche. Dass sie die Wahrheit sage und nichts Verbotenes von ihrem Sohn zu Hause versteckt habe. Wie oft solle sie die Linsen und Bohnen, den Reis und die Weizenkörner, die die Männer aus den Gläsern geschüttet und zusammengemischt hatten und am Ende nichts dazwischen gefunden hatten, noch sortieren, klagte sie. Ich sortierte auch die Körner. Es dauerte, und unsere Nacken waren steif. Die Großmutter verfluchte die Männer, die zu Unrecht unser Haus durchsuchten. Sie nannte sie fremde Menschenfeinde. Ich schluckte meine Trauer runter. Diese Männer sind jetzt älter geworden in ihrer Menschenfeindlichkeit. Ich habe seitdem chronische Halsschmerzen. Großmutter chronische Augenschwäche. Großmutter macht mir kein Glas Milch mehr warm. In den Augen meiner deutschen Mitmenschen bin ich eine Fremde mit chronischen Halsschmerzen. In Wahrheit bin ich aber ein Stück Erde. Ein Stück Wüste. In mir wächst aber alles. All unsere Getreidesorten in ihren Gläsern. Sie wachsen ganz sortiert. Für meine Großmutter. All unsere Persimonenbäume. Ich habe in Großmutter Wurzeln. In meinem Vater. Und die Wunden sind, was ich geerbt habe. Ich pflege die Wunden, damit sie geheilt werden. Währenddessen darf ich nur nicht weinen, wegen meiner Halsschmerzen.

Ein Fenster

Ein Baum. Ein Nest. Ein Fenster, das den Baum und dessen Nest rahmt.
Eine Bar. Ein satter Schlaf. Ein bitterer Mund. Viele Gebäude mit ihren Fenstern.
Das Mädchen sieht aus dem Fenster. Ein junger Mann mit Rad kommt zur Bar. Dann überquert ein alter Mann, in schwarzem Anzug, die Kreuzung. Danach biegt eine junge Frau mit ihrem weißen Hund nach links in die Nebenstraße ein.
Das Mädchen steht immer noch da. Sie sieht aus dem Fenster. Dann setzt sie sich hin.
Morad steht auf. »Ich hasse dieses verdammte Leben«, sagt er.
Das Mädchen geht zum Flur. Morad geht raus. Das Mädchen geht zum Küchenfenster. Dort, genau gegenüber der Küche, liegt die Eisenbahn.
Die grünen, roten, weißen, blauen Züge kommen und gehen ständig.
Wenn ein Zug kommt und ein Zug gleichzeitig geht, dann hupen beide. Das bedeutet: »Hallo! Guten Tag!«
Auch die *Alam**-Träger begrüßten sich während der Prozessionszüge am *Aschura*-Tag, wenn sie sich auf

---

* Ein *Alam* ist eine religiöse Devotionalie. Die sperrige, schwere, breite, wackelige Konstruktion aus mehreren Metallstangen ist geschmückt mit Figuren, schwarzem und grünem Stoff und vielen Pfauenfedern. *Alams* werden bei Prozessionen durch die Straßen getragen, v.a. am *Aschura*-Trauertag, dem Todestag von Imam Hussein, dem dritten Imam der Schiiten.

einer Straße begegneten. Dann blieben die kräftigen Männer stehen und beugten sich mit zitternden Schultern unter der tragischen Tradition.
Das Mädchen hatte jedes Mal Angst, dass sich die Männer nach der Verbeugung nicht mehr aufrichten konnten und samt den *Alams* in die Menschenmenge stürzten. Aber die *Alams* fielen niemals herunter. Immer half irgendjemand den Männern, und die Trauer ging weiter. Jahr für Jahr. Generation für Generation.

Die Frau weint.
»Bitte erzählen Sie etwas über Ihre Kindheit«, sagt der Arzt.
Die Frau schweigt.
»Vier Tausend Toman? Nur für ein Gespräch? Du kannst doch mit mir reden. Ganz einfach: Wir setzen uns hin und reden miteinander. Komm!« sagt die Mutter.
Das Mädchen weinte so laut, dass die Nachbarn es hörten.
Der Großvater war tot. Das Mädchen liebte ihn sehr. Sie konnte seinen Tod nicht glauben.
Die Großmutter flocht ihre weißen langen Haare. Die Mutter saß hinter der Nähmaschine. Sie nähte vom Rest des geblümten Bettwäsche-Stoffs ein Kleid und einen Hut für die Puppe des Mädchens.
»Nähst du für mich auch einen geblümten Rock?« fragte das Mädchen.
»Ja, sicher. Aber nur wenn du nicht mehr weinst«, antwortete die Mutter und drehte so ungeduldig das Rad

der Nähmaschine, dass die Nadel zerbrach.
»Ach! Wie schade! Es war die letzte«, sagte die Großmutter, während sie die Mädchenhaare flocht.
Der Hut der Puppe blieb unvollendet.
Die Mutter räumte die Nähmaschine auf.
Die Puppe sah traurig aus.
»Wenn du weinst, dann kriegst du nicht dein neues Kleid«, sagte das Mädchen der Puppe.
Die Puppe schwieg. Sie sah in ihrem neuen Kleid wie eine Zigeunerbraut aus.

Die Männer sagten: Zum Wohl!
Sie aßen Kuchen und tranken Tee.
Das Mädchen lief auf die Straße. Überall gab es Bräute. Die Mädchen, alle, wurden zu Bräuten. Die Autos, alle, waren mit Blumen geschmückt. Alle hupten und hupten.
Das Mädchen lief zurück, nach Hause. Auf dem Hof warteten alle auf sie. Die Gäste lachten und tanzten.
Dann kam ein großer Mann zum Mädchen und steckte ihr eine große Blume ins Haar. Die Haare des Mädchens rochen nach dieser Blume.
Das Mädchen wollte etwas sagen. Aber es schwieg und weinte.
»Ach! Wie schön! Wie glücklich!« sagten die Gäste.

Das Mädchen schrie.
»Gott sei Dank! Unsere Braut war Jungfrau«, sagte eine alte Stimme.
Das Mädchen weinte: »Meine Puppe ist verletzt. Ihr Kleid ist blutig.«

Großmutters gelbe Wangen wurden rot: »Das ist Brautbettwäsche.«

Dann kam die Sonne mit ihrem Licht. Der Sommer war endlich da. War überall. Das Mädchen schloss die Augen und schlief den ganzen Tag.
Es war Petersilienwetter. Die Frauen gingen auf die Straße hinaus.
Sie kamen mit Petersilientüten nach Hause zurück.
Petersilie! Petersilie! Überall war Petersilie.
Das Mädchen aber drückte ihr Gesicht an das Fenster und schwieg.
Auf dem Hof war niemand.
Die Mutter, die Frauen der Gasse, die Nachbarsfrauen, waren nicht da. Sie gingen zusammen zum *Abolfazl-Gebet.*
Sie gingen weinend. Sie weinten betend. Sie beteten hoffend. Sie trugen schwarz, während ihre goldgelben Armbänder glänzten.
Das Mädchen hatte kein Armband. Das Mädchen mochte kein Gold. Es glänzte nicht.

Es war wieder Sommer.
Das Mädchen saß vor dem Fenster.
Morad kam nach Hause. Er schrie so laut, dass die Nachbarn es hörten: »Was willst du am Fenster? Auf wen wartest du? Bist du verliebt? Bis wann willst du hier warten?«
Morad schrie. Morad schlug.
Das Mädchen zitterte. Das Fenster zitterte. Das Nest des

Fensterrahmens zitterte.
»Ich gehe«, sagte Morad.
»Nein! Geh nicht!« sagte das Mädchen.
»Ich gehe und komme nie wieder zurück.«
»Komm zurück!«
Morad ging.
Das Mädchen blieb.
Das Mädchen ging zum Fenster. Morad bog in die Nebenstraße ein. Morad verschwand.
Draußen schien die glühende Nachmittagssonne. Es wehte kein Lüftchen. Nur die Sonne schien. Das Mädchen zitterte.

»Wollen Sie wirklich nicht reden?« fragt der Therapeut auf Deutsch.
»Ein Zimmer. Ein kleines sonniges Zimmer«, sagt die Frau auf Deutsch.
»Schön! Sehr schön!« sagt der Therapeut.
»Ein Fenster. Ein Baum. Ein Nest.«
»Wunderbar! Erzählen Sie weiter.«
»Es ist Sommer. Die Frauen gehen in die Innenhöfe. Sie halten ihre Füße ins kalte Wasser.«
»Was für ein gemütliches Gefühl.«
Die Frau lächelt.
»Wunderbar! Lächeln tut gut!«
Die Frau lacht. Sie lacht so laut, dass die Patienten im Wartezimmer es hören.
»Lachen ist auf alle Fälle gesund!« sagt der Therapeut.

Die Frau lacht.

An dem Tag war dein Regenschirm geblümt

Nach langen Jahren sahst du deinen Vater. Er war groß und schlank, hatte ein raues Gesicht. Du konntest immer noch nicht glauben, dass hinter diesem schwarzen Regenmantel ein Herz lag, dessen größter Teil dir gehörte.

Du wusstest immer noch nicht, ob dir Vaters Hände beim Springen über die Pfützen helfen würden.

Ihr gingt am Händler, der Pflaumen verkaufte, vorbei. Du hattest keinen Mut zu sagen, dass du dir Pflaumen wünschst. Du dachtest: Vielleicht denkt er: Was für ein Kind! Diese Pflaumen sind doch viel zu unreif für einen kleinen Bauch.

Ihr gingt am Spielzeugladen vorbei. Deine Schritte wurden nicht schwach.

Schweigend gingt ihr vorbei. Vorbei sogar am Park.

Du benahmst dich so, als ob dich diese Rutschbahnen und Schaukeln nie beeindruckt hätten.

Als ihr fast zu Hause wart, vor einem Zeitungskiosk, blieb der Vater stehen.

Er zog seine rechte Hand aus der Tasche des Regenmantels und drückte die alte Hand des Zeitungsverkäufers. Seine großen Augen wurden schmal. Sein Blick glänzte, und um die Augen erschienen viele kleine Fältchen. Das war aus dem ersten Lexikon der Vaterlogie: Wenn Vater einen Bekannten sieht, drückt er ihm zuerst die Hand, danach werden seine Augen glänzend.

Der Vater gab dir danach ein Malbuch in die Hand. Du wolltest das Buch gleich durchblättern. Aber er sagte: Erst wenn wir zu Hause sind.

Es war Neujahr. Es waren viele Gäste da. Die Großmutter zündete Weihrauch an, wünschte dabei, dass sich böse Augen von uns allen fernhalten sollten, und weinte gleichzeitig. Überall war es neblig vom Weihrauch. Der Vater blieb auf der anderen Seite des Nebels.

Die Großmutter weinte und weinte. Du saßest mit deinem großen Malbuch im Rauch. Du nahmst Großmutters Tränen nicht ernst. Du wusstest, erst wenn Großmutter ihr Gesicht in den Händen verbirgt und in einer abgelegenen Ecke weinen würde, dann wäre es ernst. Du wusstest, dass das Weinen jetzt ein Zeichen der Freude war. Deshalb umarmtest du sie nicht. Deshalb trocknetest du ihre Tränen nicht. Deshalb ließt du sie in Ruhe weinen.

Du wolltest dich gerne in Vaters Umarmung verstecken oder dich am liebsten auf seine Schultern setzen und die Welt von oben sehen. Wie wenn dein Onkel dich auf seine Schulter durch den Garten herumtrug.

Du hattest dich aber alleine in eine Ecke gesetzt. Im Weihrauchnebel.

Dann hattest du dein Buch durchgeblättert. Ein großes Bild von einer großen Kuh, die farblos war, war das erste Bild. Die Kuh gefiel dir nicht. Ein großes Wort auf Englisch stand unter ihren Füßen: Cow.

Warum hat das so viele große Tiere? Warum hat Vater mir das geschenkt? Vielleicht weil es länger dauert, bis man mit dem Ausmalen fertig ist, dachtest du.

Du blättertest weiter. Ein großer Löwe. Du drücktest mit deinem gelben Buntstift so fest auf das Löwenohr, dass die Spitze abbrach. Die Großmutter merkte das nicht.

Du brachst all deinen 12 Farbstiften die Spitzen ab. Aber Großmutter protestierte nicht dagegen. Nach einer Weile sagte sie: Ihr Vater hat ihr ein schönes Buch gekauft. Plötzlich schauten alle zu dir.

Nun waren alle im Nebel. Neben dir. Nun solltest du den Gästen die noch nicht ausgemalten Tiere vorstellen. Und zwar auf Englisch.

Als du das erste Mal deine Mutter sahst, hatte sie dir einen Ring gekauft.

Einen dünnen Ring mit dem ersten Buchstaben deines Vornamens darauf.

An dem Tag sollte sie dich um 4 Uhr nachmittags zu Großmutters Haus zurückbringen.

Auf dem ganzen Weg habt ihr über das Wetter geredet. Nur ein Mal fragte die Mutter: Wie geht es deinem Vater?

Im Regen gingt ihr an den geöffneten Läden vorbei.

An dem Tag war dein Regenschirm geblümt. Mutters Regenschirm war schwarz.

Ihr gingt und gingt bis 4 Uhr nachmittags.

Jetzt bist du bei deiner Freundin zu Hause. Die Mutter deiner Freundin sagt:

Danke für das schöne Geschenk, das Sie zu Marjams Geburtstag mitgebracht haben.

Danach sagt sie zu Marjam: Sie haben gute Freunde.

Du erinnerst dich an den Tag, als deine Freundin ihre Mutter angerufen hatte. Sie duzte ihre Mutter am Telefon. Jetzt weißt du, dass manche Mütter vor fremden Leuten ihre Kinder mit Sie ansprechen.

Das Telefon klingelt. Du weinst. Danach schreist du. Dann sagst du: Ich glaube das nicht. Ich glaube das nicht. Und du weinst weiter.

Die Großmutter ist so alt geworden, dass sie ein Stück Würfelzucker vor dem Tee und eins danach isst und nach einer Weile sagt: Wo bleibt denn mein Tee?

Du hast Trauer. Du willst immer, für immer in Trauer bleiben. Sogar mit dem geblümten Rock und Regenschirm.

Die Mutter deiner Freundin sagt: Ich verstehe. Ich kann Sie sehr gut verstehen, obwohl meine Eltern immer noch am Leben sind.

Du denkst aber, dass sie dich nicht versteht.

Du findest es irgendwie traurig, dass sie dich verstehen will, aber wie kann sie dich verstehen.

Oh! Es ist wirklich schwer. Ich verstehe.

Ja, Mama hat Recht. Aber sei sicher, wir denken an dich. Du hast doch uns.

Du willst es gerne glauben. Aber du kannst es nicht. Du denkst, dass deine Freundin und ihre Mutter nur lieb sind.

Du fühlst dich wie ein verlassener Mensch auf einer nebligen Insel.

Ein verlassener Mensch mit einem schnurlosen Telefon in der Hand. Auf der anderen Seite der Insel, in der Stadt, wo der Boden unter den Füßen sich nicht bewegt, telefonieren deine Freundin und ihre Eltern mit dir, während sie auf einer Familienschaukel schaukeln. Aber pünktlich zum Sonnenuntergang, wenn die Vorhänge orange werden, gehen sie draußen spazieren. Sie fliehen vor ihren Trauer tragenden Fenstern. So erleben sie auf deiner Insel keinen Sonnenuntergang.

Das Telefon klingelt. Während die Mutter deiner Freundin zum Telefon geht, sagt sie: Der Tod ist eine Wahrheit. Ich werde auch eines Tages sterben.

Danach lacht sie und fängt an, am Telefon zu reden.

Inzwischen hustet der Vater deiner Freundin. Nun weißt du, dass deine Freundin wie ihre Mutter lacht und wie ihr Vater hustet.

Du ähnelst niemandem.

Deine Freundin redet über die neue Sprache, die sie lernt. Du schweigst. Du lässt sie in Ruhe in ihrer neuen Sprache, die für dich fremd ist, weiter reden.

Du versuchst dich zu erinnern, wo du das letzte Mal dein Malbuch gesehen hast.

Das Malbuch, dessen Kuh Cow heißt.

Nun schneit es. Deine Freundin sagt, sie liebe es, im Schnee spazieren zu gehen. Deine Schultern sind schwer vom Schnee. Du denkst an den Vater, an die Mutter und an das Stück Erde, unter dem sie schlafen. Die Erde wird schwerer.

Sie werden noch mehr in die Erde gedrückt.

Das letzte Buch, das sie gelesen habe, hieße Tisto Grünfinger, sagt deine Freundin.

Du weißt aber immer noch nicht, was nach dem Umzug mit deinem Malbuch passiert ist. Und wo der Ring mit dem ersten Buchstaben deines Vornamens geblieben ist.

Deine Freundin lacht. Ein Mann im Regenmantel ist auf dem Boden ausgerutscht. Ein Mann, der groß und schlank ist. Ein kleines Mädchen mit roten Handschuhen in der Hand steht neben ihm.

Der Mann kommt auf die Beine. Er schüttelt den Schnee von seinem Regenmantel. Zwei rote Handschuhe helfen ihm dabei.

Deine Freundin bückt sich und lacht weiter.

Du kannst aber nicht lachen. Vielleicht weil dieser Mann und dieses Mädchen dir bekannt vorkommen.

Walnussaugen

Eine Auswahl persischer Lyrik mit 42 Illustrationen von 22 Künstlern. *Zweisprachig Deutsch & Persisch.*

116 Seiten, Paperback
ISBN 978-3-96252-003-8

Ayeda Alavie
Rosas Herz

In einem tiefblauen Ozean gibt es eine grüne Insel, auf der die Kinder mit zwei Herzen zur Welt kommen. Eine Geschichte über die Leichtigkeit der Kindheit und den Mut, sie sich zu bewahren.

100 Seiten, Hardcover, farbig illustriert, ISBN 978-3-96252-007-6

Claudia Kaiser & Martin Lickleder
Im Reich der verlorenen Dinge

Die 10-jährige Ivi verbündet sich mit der schrägen Nachbarin Frau Öttinger, um nach ihren verschwundenen Sachen zu suchen. Sie landet im Reich der verlorenen Dinge: Einem Ort, an dem die Dinge tatsächlich alles andere als gar nichts tun.

272 Seiten, Hardcover, farbig illustriert, ISBN 978-3-96252-005-2

Azra Jozdani
Zwischen zwei Migränen

Lyrik - Persisch und Deutsch.

80 Seiten, Paperback
ISBN 978-3-96252-004-5